本著作获咸阳师范学院学术著作出版基金资助

项目名称：2024年度渭城区科技发展计划项目（软科学研究计划）：《AI新质生产力赋能渭城区文化创

U0672557

文化创意产业发展

理论阐释与路径探寻

李 莹 著

CULTURAL AND
CREATIVE INDUSTRIES

THEORETICAL INTERPRETATION AND PATH EXPLORATION

经济管理出版社
ECONOMY & MANAGEMENT PUBLISHING HOUSE

图书在版编目（CIP）数据

文化创意产业发展：理论阐释与路径探寻 / 李莹著.
北京：经济管理出版社，2025.7. -- ISBN 978-7-5243-
0474-6

Ⅰ. G114

中国国家版本馆 CIP 数据核字第 2025RV6709 号

组稿编辑：张馨予
责任编辑：张馨予
责任印制：许　艳
责任校对：陈　颖

出版发行：经济管理出版社
　　　　　（北京市海淀区北蜂窝 8 号中雅大厦 A 座 11 层　100038）
网　　　址：www.E-mp.com.cn
电　　　话：（010）51915602
印　　　刷：北京晨旭印刷厂
经　　　销：新华书店
开　　　本：720mm×1000mm/16
印　　　张：11.5
字　　　数：169 千字
版　　　次：2025 年 7 月第 1 版　　　2025 年 7 月第 1 次印刷
书　　　号：ISBN 978-7-5243-0474-6
定　　　价：98.00 元

前　言

在浩瀚的人类文明长河中，文化始终是推动社会进步、滋养民族精神的不竭源泉。随着全球化的深入发展与信息技术的飞速迭代，文化创意产业作为一种高度融合知识、技术与艺术的新兴产业形态，正以前所未有的速度崛起，成为推动全球经济结构转型升级、提升国家文化软实力的重要力量。

文化创意产业，顾名思义，是源自个人创意、技巧及才华，并通过知识产权的开发和运用，创造财富和就业机会的产业。它涵盖了广告、设计、媒体、艺术和文物交易、时尚、软件和电脑游戏、电影与录像、音乐、表演艺术、出版、电视与广播等多个领域，是文化与经济深度融合的产物。这一产业不仅强调内容的创新性与独特性，还注重科技手段的应用与商业模式的创新，是推动经济结构优化升级、促进文化多样性和社会包容性的重要途径。

在经济层面，文化创意产业已成为全球经济增长的新动力。随着信息技术的飞速发展和人们消费观念的不断升级，文化创意产品和服务的市场需求日益旺盛。从一部震撼人心的电影到一款热门的游戏，从一件精美的艺术品到一场精彩的演出，文化创意产业的产品不仅具有极高的艺术价值，更具有巨大的商业价值。它为各国创造了大量的就业机会，推动了相关产业的发展，成为经济增长的重要支柱。

在文化层面，文化创意产业是传承和弘扬民族文化的重要载体。每个国家和地区都有自己独特的历史、文化和传统，文化创意产业通过对这些文化资源的挖掘、整合和创新，将其转化为具有现代气息和国际影响力的文化产品和服务。例如，中国的传统文化元素如京剧、武术、书法等，通过电影、动漫、游戏等形式走向世界，让更多的人了解和喜爱中国文化。文化创意产业不仅能够保护和传承民族文化，而且还能够促进不同文化之间的交流与融合，推动人类文明的进步。

在社会层面，文化创意产业为人们提供了丰富多样的精神文化产品和服务，满足了人民日益增长的精神文化需求。在快节奏的现代生活中，人们越来越渴望通过欣赏艺术、阅读文学、观看电影等方式来放松身心，陶冶情操。文化创意产业的发展为人们提供了更多的选择，让人们在享受文化盛宴的同时，也能够提升自己的文化素养和审美水平。此外，文化创意产业还能够激发人们的创新意识和创造力，推动社会的创新发展。

基于文化创意产业发展的现实意义，笔者在总结前人优秀研究成果以及自身丰富教学经验的基础上，对文化创意产业发展的理论与路径问题进行了探究。介绍了文化创意产业与文化创意产业集群的基础知识，分析了国际文化创意产业理论与发展问题，梳理了传统文化的文化创意产业发展之路与文化创意产业的现代化发展之路，具体介绍了我国文化创意产业的典型案例。

本书将理论与实践相结合，不仅具有较高的学术价值，也具有很强的实践指导意义。在阐述文化创意产业理论的同时，注重结合实际案例进行分析，通过对国外成功案例的深入剖析，总结出文化创意产业发展的经验和教训，为读者提供了可借鉴的实践经验。不过，由于撰写时间仓促以及笔者水平有限，书中难免存在疏漏之处，恳请各位读者批评指正。

目　录

理论篇

路 径 篇

理论篇

　　文化创意产业是一个充满活力与魅力的领域，它融合了艺术、文化、科技、商业等多种元素，展现出无穷的创新活力和广阔的发展前景。从古老的传统艺术到现代的数字媒体，从精美的手工艺品到震撼的影视大片，文化创意产业的作品和成果不仅丰富了人们的精神生活，也为经济发展注入了强大的动力。本篇通过对文化创意产业、文化创意产业集群、国际文化创意产业理论与发展等知识的论述，试图揭示这一新兴产业的内在逻辑和发展动力。

第一章　文化创意产业概述

在当今时代，文化创意产业如同一颗璀璨的新星，在全球经济与文化的舞台上绽放出耀眼的光芒。它以其独特的魅力和无限的活力，成为推动经济发展、提升国家文化软实力、丰富人们精神生活的重要力量。

第一节　文化创意产业的界定与特征

一、文化创意产业的界定

（一）文化创意产业的内涵

创意产业又称创意工业、创意经济，是一种在全球化消费社会的背景中发展起来的推崇创新个人创造力、强调文化艺术对经济的支持与推动的新兴理念思潮和经济实践，可看作文化产业发展到一定阶段后衍生出来的新兴产业①。

---

① 曹玉华，毛广雄. 大运河文化带节点城市文化创意产业空间演化研究［M］.南京：东南大学出版社，2021：38.

文化创意产业是在世界经济迈入知识经济时代背景下发展起来的一种推崇创新和个人创造力，并强调文化艺术对经济的支持与推动的新兴产业。总体上看，文化创意产业是在文化产业与创意产业进行交融的基础上，兼有文化产业框架基础以及创意产业本质特征的一种新的产业形态。具体而言，文化创意产业是在全球化背景下，以人们的精神文化娱乐需求为基础，以高科技手段为支撑，以网络等新传播方式为主导，以文化艺术与经济全面结合为特征的跨国、跨行业、跨部门重组或创建的新型企业集群。

（二）文化创意产业的核心要素

1. 创意

创意是有创造性的独特的想法，是出其不意的好点子；创意是对一切旧有格式的不同程度的打破；创意是艺术与技术的组合力量[①]。创意对文化创意产业至关重要，它是文化创意产业的灵魂[②]。创意并不仅仅是单纯的新奇想法，更是一种能够切实将新奇想法转化为实际产品和服务的创新思维。它可以在多个方面得到充分体现。例如，内容的独特性，它能够以别出心裁的故事、观点或表现主题来吸引受众；表现形式的新颖性，它通过创新的艺术手法、技术手段或传播方式给人带来全新的感受；对传统文化的创造性转化，它将古老的文化元素与现代的审美和需求相结合，赋予传统文化新的生命力。例如，一部具有独特叙事风格的电影，能通过非线性的叙事结构、多视角的人物刻画或者独特的影像语言，打破传统电影的叙事模式，给观众带来前所未有的观影体验；一款设计新颖的游戏，能在玩法上进行大胆创新，融合多种游戏元素，或者在画面风格上独树一帜，营造出奇幻的游戏世界。这些都充分彰显了创意的巨大价值。

2. 文化资源

文化资源内涵丰富，具有文化性、经济性、社会性等特性，其外延也较

---

① 欧彦恩. 创意设计与色彩艺术［M］. 长春：吉林人民出版社，2022：3.
② 艾理生，姚迪. 社会工作问题研究［M］. 北京：研究出版社，2023：34.

为广博，几乎包括了人类活动的各个方面，且其形成复杂，表现形式和存在形式多样①。文化创意产业高度依赖丰富的文化资源作为创作的坚实基础。这些资源可以是承载着历史记忆的文化遗产，如古老的建筑、珍贵的文物、传统的技艺等，它们见证了人类文明的发展历程，为创意提供了深厚的历史底蕴；也可以是丰富多彩的民俗风情，各地独特的风俗习惯、传统节日、民间艺术等，展现了不同地域的文化特色和人民的生活智慧，为创意提供了鲜活的素材；还可以是经典的文学艺术作品，那些伟大的文学名著、传世的绘画作品、经典的音乐曲目等，为创意提供了灵感的源泉；甚至可以是科技创新成果，新的科技手段和理念为文化创意带来了新的表现形式和传播方式。通过对这些丰富多样的文化资源进行深入挖掘、精心整合以及创新利用，文化创意产业能够创造出既具有深厚文化底蕴又富有时代特色的产品和服务，满足人们的精神文化需求。

3. 知识产权

在文化创意产业中，知识产权的保护起着至关重要的作用。创意成果往往以知识产权的形式存在，如著作权保护文学作品、音乐作品、影视作品等的原创性；商标权保护品牌的独特标识和商业价值；专利权保护创新的技术和设计。保护知识产权能够有效地鼓励创新，确保创意者的合法权益得到充分保障，为其持续创新提供动力和安全感。同时，知识产权的保护也有助于维护市场秩序，推动文化创意产业健康有序发展。只有在良好的知识产权保护环境下，文化创意产业才能蓬勃发展，才能不断涌现出更多优秀的创意作品。

二、文化创意产业的特征

（一）高知识性

文化创意产品通常以文化、创意理念作为核心灵魂，是人类的知识、智

---

① 秦枫. 文化资源概论（第2版）[M]. 合肥：中国科学技术大学出版社，2021：21.

慧以及灵感在特定行业领域中的具体物化呈现。在其创作与生产过程中，往往需要整合来自各种不同领域的丰富知识。例如，创作一部广受欢迎的动漫作品，首先，需要具备精彩绝伦的故事情节，而这背后涉及深厚的文学创作知识。创作者要精心构思人物形象、设置跌宕起伏的情节冲突、营造独特的情感氛围，这些都离不开对文学创作技巧和规律的娴熟运用。其次，该动漫作品还需要拥有精美的画面设计，这就离不开扎实的美术知识和高超的绘画技巧。从色彩搭配到线条勾勒，从场景构图到角色造型，每个细节都体现出美术专业知识的重要性。最后，在动漫作品的制作过程中，可能会运用到先进的动画制作技术，这无疑体现了科技知识的广泛应用。从三维建模到特效制作，从动画渲染到后期处理，先进的科技手段为动漫作品赋予了更加震撼的视觉效果。人们在欣赏优秀的动漫作品时，实际上是在全方位地感受多种知识融合所带来的独特魅力。人们会沉浸在精彩的故事中，领略到美术的视觉盛宴，同时也会惊叹于科技带来的神奇体验。

（二）高附加值

文化创意产业是高附加值产业，主要是以知识或智力资源的占有、配置、生产和使用为最主要特征的产业，是知识密集型产业①。一件普通的商品，一旦经过文化创意的精心设计和巧妙包装，其价值往往会大幅提升，发生翻天覆地的变化，例如，一个原本极为普通的杯子，当印上独特的艺术图案，或者与当下热门的文化元素相结合时，其价格可能是普通杯子的数倍，甚至数十倍。这是因为文化创意赋予了产品独特的情感价值、艺术价值和深厚的文化内涵。对于消费者而言，购买这样的产品，已经不仅仅是为了满足其基本的使用功能，更是为了追求其所代表的文化意义和审美价值。这种文化附加值使得产品在市场上具有更强的竞争力，也为企业带来了更高的利润空间。当人们拥有这样一件充满文化创意的产品时，就会感受到它所蕴含的独特魅

---

① 李悦，钟云华．产业经济学（第5版）[M]．大连：东北财经大学出版社，2022：109.

力和价值。它不仅仅是一件物品，它更是一种情感的寄托和文化的表达。

（三）强融合性

文化创意产业具有极为强大的融合性，能够与众多不同的产业进行深度融合。一方面，它可以与传统产业如制造业、农业等紧密结合，为这些产业注入全新的活力和高附加值。例如，当文化创意与制造业融合时，便诞生了许多具有独特设计感和丰富文化内涵的工业产品。这些产品已不再仅仅是单纯的功能性物品，而是兼具实用性与艺术性的杰作，极大地提升了它们在市场上的竞争力。另一方面，文化创意产业内部不同行业之间也相互融合、相互渗透。例如，影视、音乐、游戏等行业常常相互借鉴和合作，共同打造出跨领域的文化创意产品。这种融合性使得文化创意产业能够不断拓展自身的发展空间，创造出更多丰富多彩的商业机会。人们在市场上看到那些融合了多种元素的文化创意产品时，便会惊叹于这种融合所带来的无限可能。在当今的市场环境下，越来越多的产品和服务都充分体现了文化创意产业的融合特性，为消费者带来了全新的体验和感受。

（四）创新性

创新是文化创意产业的核心灵魂所在。文化创意产业在不断推陈出新，持续创造出新颖独特的文化内容、丰富多彩的表现形式以及富有创意的商业模式。在内容方面，创作者们凭借独特的创意和新颖的视角，深入挖掘新的故事题材、别具一格的艺术风格和深刻的文化主题。他们勇于突破传统的束缚，挑战既定的思维模式，为观众和读者带来全新的文化体验。在表现形式方面，随着科技的不断进步与发展，新的艺术表现手段和传播方式如雨后春笋般不断涌现。例如，虚拟现实（VR）、增强现实（AR）技术在文化创意领域的广泛应用，为人们带来了沉浸式的文化体验，让人们仿佛身临其境般地感受文化的魅力。在商业模式方面，文化创意产业也在不断积极探索新的盈利模式，如众筹、付费会员等。这些创新的商业模式为产业的发展提供了新的动力和支持。这种持续的创新能力使得文化创意产业始终保持着蓬勃的活力和强大的竞争力。人们在接触到那些充满创意和创新的文化产品时，会被它们吸引，因为它们能够带给人们前所未有的体验和感受，让人们领略到文化创意产业的无限魅力。

（五）辐射性

文化创意产业的影响范围绝不仅仅局限于自身领域，而是具有广泛而强大的辐射作用。一方面，它能够有力地带动相关产业的发展，如旅游、餐饮、住宿等。一个成功的文化创意园区或精彩的文化创意活动，往往会吸引大量的游客前来参观、体验。这些游客的到来，不仅为文化创意产业带来了直接的经济效益，同时也带动了周边地区的旅游、餐饮、住宿等服务业的蓬勃发展。游客们在欣赏文化创意产品的同时，也会对当地美食、特色住宿等产生需求，从而促进相关产业的繁荣。另一方面，文化创意产业也能够极大地提升一个地区的文化软实力和良好形象，吸引人才、资金和资源源源不断流入。当一个地区拥有繁荣发展的文化创意产业时，它会散发出独特的文化魅力和创新活力，吸引着各地的优秀人才前来施展才华，吸引投资者的目光，为地区的发展注入强大的动力。许多城市都在积极大力发展文化创意产业，其目的就是提升城市的综合竞争力和吸引力，让城市在激烈的竞争中脱颖而出。

第二节　文化创意产业的模式与功能

一、文化创意产业的模式

文化具有区域性和传承性，不同民族、地区的文化形态也各具特色。因此，文化创意产业的构成模式会因国家和地区的不同而呈现出各异的成长模式①。大致可以分为以下几种类型：

（一）创意驱动模式

1. 人才主导

文化创意产业对具有创造力和创新思维的人才有着极高的依赖程度。在这个领域中，艺术家们以细腻的笔触和灵动的色彩，挥洒出一幅幅震撼人心的绘画作品；设计师们凭借独特的审美眼光和创新理念，为企业和品牌精心打造出令人瞩目的视觉形象与独具匠心的产品设计方案；作家们则通过深刻的思考和细腻的情感表达，创作出一篇篇引人入胜的小说、诗歌和散文等文学作品；编剧们用巧妙的情节架构和生动的人物塑造，打造出一个个精彩绝伦的影视剧本；导演们以独特的艺术视角和精湛的叙事手法，执导出一部部具有深刻内涵和广泛影响力的影视作品。这些创意人才如同璀璨的星辰，以他们的独特灵感和卓越才华，为文化创意产品赋予了鲜活的灵魂和持久的魅力。

2. 原创至上

在文化创意产业中，强调原创性内容的创作至关重要。无论是充满想象力的文学作品、动人心弦的音乐、富有表现力的绘画，还是情节跌宕起伏的影视剧本等，原创内容往往具有更高的价值和更强大的市场竞争力。例如，一部畅销的小说可以成为文化创意产业的宝藏，它能够衍生出电影、电视剧、游戏等多种形式的文化产品。在这个过程中，小说的原创价值犹如一颗璀璨的明珠，在整个产业链中起着关键作用，为后续的开发和拓展提供了坚实的基础和无尽的灵感源泉。

（二）产业融合模式

1. 跨领域融合

文化创意产业具有强大的融合能力，它与其他产业相互交融，共同催生

---

① 张汝山. 新时代文化创意产业发展研究 [M]. 北京：研究出版社，2021：11.

出新的业态和商业模式。文化创意与科技的融合，为人们带来了令人惊叹的数字内容产业。在这个领域中，虚拟现实（VR）和增强现实（AR）游戏让玩家沉浸在奇幻的虚拟世界中，感受前所未有的刺激与乐趣；数字艺术展览则以高科技手段展现艺术的魅力，为观众带来全新的视觉盛宴。文化创意与旅游的融合，打造出了一个个令人向往的文化旅游景区、充满魅力的主题公园和独具特色的特色小镇。在这些地方，游客们可以尽情享受丰富的文化体验，领略不同地域的历史文化和风土人情。

2. 产业链延伸

在文化创意产业内部，不同领域之间相互延伸和拓展产业链，形成了多元化的发展格局。从动漫作品角度，可以延伸出丰富多彩的动漫周边产品开发。这些周边产品包括可爱的玩偶、精美的文具、时尚的服装等，满足了动漫爱好者的各种需求。同时，动漫主题餐厅的出现，为人们提供了一个在美食中感受动漫文化的独特场所。此外，精彩的舞台剧也可以从动漫作品中汲取灵感，以生动的表演形式展现动漫故事的魅力。影视产业同样可以通过开发衍生产品，如玩具、服装、书籍等，实现产业链的延伸和价值的最大化。这些衍生产品不仅丰富了影视产业的盈利渠道，还进一步扩大了影视作品的影响力和传播范围。

（三）平台运营模式

1. 线上平台

互联网的飞速发展为文化创意产业搭建了广阔的平台。各类在线文化创意平台如雨后春笋般涌现，为文化创意产业带来了新的机遇和挑战。文学创作平台为作家提供了展示作品的广阔舞台，让他们的文字能够被更多的读者欣赏和喜爱。同时，这些平台通过付费阅读、广告分成等方式实现盈利，为作家和平台的共同发展创造了良好的条件。音乐分享平台则让音乐爱好者能够轻松地发现和分享自己喜爱的音乐作品，为音乐人的创作提供了强大的动力和支持。视频直播平台更是为各类文化创意内容的传播提供了实时、互动的渠道，让观众能够与创作者进行近距离的交流和互动。

2. 线下平台

实体文化创意园区、艺术展览中心、演出场馆等线下平台也是文化创意产业的重要组成部分。这些平台为文化创意企业和创作者提供了展示、交流和合作的空间。文化创意园区可以聚集各类文化创意企业，形成产业集群效应，促进资源共享和协同创新。在艺术展览中心，艺术家们的作品得以精彩呈现，观众可以近距离欣赏艺术的魅力，感受文化的力量。演出场馆则为各种精彩的演出提供了专业的场地，让观众能够在现场感受音乐、戏剧、舞蹈等艺术形式的震撼魅力。

（四）品牌营销模式

1. 品牌塑造

文化创意企业高度重视品牌建设，通过精心打造具有独特个性和价值的品牌形象，提升自身的市场竞争力。品牌可以基于企业的核心价值观、创意理念和产品特色来塑造。例如，一些知名的文化创意品牌以其对品质的执着追求、对创新的不懈努力和对文化的深刻理解，打造出具有高品质的产品和独特的品牌文化。这些品牌赢得了消费者的认可度和忠诚度，成为文化创意产业的佼佼者。

2. 营销推广

文化创意企业运用多种营销手段推广文化创意产品和品牌，广告宣传是常见的营销方式之一。它通过精心制作的广告片、海报等宣传材料，向消费者传递产品的特点和优势。公关活动则可以通过举办新闻发布会、媒体见面会等形式，有效提升品牌的知名度和美誉度。社交媒体营销在当今时代发挥着越来越重要的作用。文化创意品牌借助社交媒体平台与消费者进行互动，分享创意内容，了解消费者需求，增强品牌与消费者之间的情感联系。事件营销也是一种有效的营销手段。例如，通过举办文化创意活动、赞助艺术展览等方式来吸引公众的关注，提升品牌的影响力。

（五）政府扶持模式

1. 政策支持

政府为鼓励和支持文化创意产业的发展，出台了一系列政策措施。税收优惠政策可以减轻文化创意企业的负担，让企业有更多的资金用于产品研发和市场拓展。财政补贴政策为文化创意项目提供了资金支持，促进了优秀文化创意作品的诞生。土地政策为文化创意园区的建设提供了便利条件，吸引了更多的企业入驻。人才政策则为文化创意人才提供了住房、子女教育等方面的优惠政策，吸引和留住了优秀的创意人才。

2. 基础设施建设

政府投资建设文化创意产业基础设施，为文化创意产业的发展提供了良好的环境和条件。文化创意园区、博物馆、图书馆、艺术中心等基础设施的建设，为文化创意企业和创作者提供了展示、交流和合作的空间。这些基础设施不仅提升了城市的文化品位，也为文化创意产业的繁荣发展奠定了坚实的基础。

3. 文化活动举办

政府举办各类文化活动，如文化节、艺术展览、演出活动等，为文化创意产业提供了展示和交流的平台。这些文化活动不仅丰富了民众的文化生活，还提高了民众对文化创意产业的认知度和关注度。同时，文化活动也为文化创意企业和创作者提供了展示作品、交流经验的机会，促进了文化创意产业的发展。

二、文化创意产业的功能

（一）经济功能

1. 推动经济增长

文化创意产业作为蓬勃发展的新兴产业，具有显著的高附加值特性。在其发展过程中，往往能够以相对较少的资源投入，创造出极为可观的经济回报。例如，一部制作精良、剧情精彩的成功电影，不仅能在票房上斩获高额收益，还能通过周边产品开发、版权销售等多种渠道实现价值增值；一款热门的游戏，能够吸引大量玩家，通过付费下载、内购等方式创造巨额收入；一件富有创意和艺术价值的设计作品，也能在市场上获得较高的价格，为创作者和相关企业带来丰厚利润。这些都充分体现了文化创意产业在经济增长方面的巨大潜力。

文化创意产业的发展还能够带动一系列相关产业的协同发展，形成强大的产业集群效应。以影视产业为例，一部热门电影的上映，能够带动旅游、餐饮、酒店等服务业的繁荣。影片中的拍摄地可能会成为旅游热点，吸引大量游客前往观光；观众在观影后可能会选择去相关餐厅品尝美食，或者入住附近的酒店。同样地，设计产业可以为制造业注入新的活力。它通过创意设计提升产品的外观、功能和品质，提高产品的附加值，从而推动制造业的升级发展。这种产业之间的相互促进和协同发展，进一步增强了文化创意产业对经济增长的推动作用。

2. 增加就业机会

文化创意产业涵盖了艺术、设计、传媒、娱乐等多个领域，为社会提供了丰富多样的就业岗位。在创意策划方面，需要有富有想象力和创新思维的人才，能够提出独特的创意方案；在设计制作环节方面，无论是平面设计、工业设计还是影视特效制作等，都需要专业的设计师和技术人员；在市场营销领域，需要具备有市场洞察力和营销技巧的人才，将文化创意产品推向市场；在管理运营方面，也需要有经验丰富的管理人员，以确保企业的高效运转。可以说，文化创意产业从创意产生到产品制作、市场推广再到企业管理，各个环节都需要大量的专业人才和劳动力。

文化创意产业还具有较强的创业潜力，为创业者提供了广阔的发展空间。由于文化创意产业的门槛相对较低，一些小型创意企业和工作室能够凭借其独特的创意和灵活的运营模式迅速崛起。这些创业者通过不断创新和努力，不仅为自己创造了就业机会，还为社会带来了新的经济增长点，激发了经济活力。

3. 促进产业升级

文化创意产业能够为传统产业注入新的活力，推动产业升级。在传统制造业中，通过创意设计和文化元素的融入，可以使产品更具个性和特色，提高产品的附加值。例如，一些传统的手工艺品企业，通过与现代设计理念相结合，开发出既具有传统文化韵味又符合现代审美需求的产品，在市场上获得了广泛认可。同时，文化创意产业与科技的融合日益紧密，催生出新的业态和商业模式。数字文化产业就是其中的典型代表，如虚拟现实（VR）、增强现实（AR）技术在文化娱乐领域的应用，为用户带来了全新的体验；创意科技产业则将科技创新与创意设计相结合，开发出具有创新性的科技产品。这些新的业态和商业模式为经济的可持续发展提供了新的动力，推动了产业的升级转型。

（二）文化功能

1. 传承和弘扬文化

文化创意产业以文化为根基，通过对传统文化的深入挖掘、精心整理和创新发展，使其得以传承和弘扬。传统手工艺的创意开发，将古老的技艺与现代设计相结合，赋予传统手工艺新的生命力。例如，一些传统的陶瓷工艺、刺绣工艺等，在经过创意设计后，成为时尚的家居装饰品或高端的礼品，让更多的人了解和喜爱传统手工艺。历史文化题材的影视作品，以生动的画面和精彩的剧情展现历史事件和人物，让观众在欣赏影视作品的同时，了解历史文化知识。这些都是文化创意产业传承和弘扬传统文化的具体体现。

文化创意产业的发展还能够促进不同文化之间的交流与融合。在全球化的时代背景下，文化创意产品和服务不仅能跨越国界，传播本国文化，还能展示国家的文化魅力。同时，也能够吸收其他国家和地区的优秀文化元素，丰富和发展本国文化。例如，动漫、音乐、电影等文化创意产品在国际上的传播，促进了不同国家和地区之间的文化交流。各国的创意人才在相互学习和借鉴中，不断创新和发展，推动了世界文化的繁荣。

2. 提升文化软实力

我国要想在激烈的国际竞争中取得优势和话语权，就必须抢占文化发展高地，增强自身的文化软实力①。文化创意产业是国家文化软实力的重要体现。一个国家或地区的文化创意产业发达，意味着其在文化创新、艺术创作、传媒传播等方面具有较强的实力和影响力。优秀的文化创意产品和服务能够在国际上树立良好的国家形象，增强国家的文化吸引力和影响力。例如，美国的好莱坞电影以其精良的制作、精彩的剧情和强大的传播力，成为美国文化软实力的重要标志之一。日本的动漫产业在全球范围内拥有大量的粉丝，它借助动漫作品传播了日本的价值观和文化特色。韩国的流行音乐也在国际上广受欢迎，提升了韩国的文化知名度。这些国家的文化创意产业的成功，为其他国家提供了借鉴，也证明了文化创意产业在提升国家文化软实力方面的重要作用。

3. 丰富人们的精神文化生活

文化创意产业为人们提供了丰富多彩的文化产品和服务，极大地满足了人们的精神文化需求。电影、音乐、文学、艺术展览等文化创意产品，能够带给人们美的享受和情感上的共鸣。一部优秀的电影可以让观众沉浸在精彩的剧情中，感受人生的喜怒哀乐；一首动听的音乐能够触动人们的心灵，给人带来愉悦和放松；一本优秀的文学作品可以让读者领略不同的人生风景，让读者思考人生的意义。游戏、动漫等则为人们提供了娱乐和放松的方式，让人们在忙碌的生活中找到乐趣。此外，创意活动和文化体验还能够激发人们的创造力和想象力，促进个体的全面发展。例如，参加创意工作坊、艺术展览等活动，可以让人们亲身体验创意的过程，培养创新思维和审美能力。

---

① 王清，郑博宇，杨璨，等. 从国际视野到文化自信：文化创意产业人才实践能力培养研究[J]. 海峡科技与产业，2023，36（2）：53-55.

（三）社会功能

1. 促进社会和谐

文化创意产业能够促进不同群体的交流和理解，增强社会凝聚力。通过各种文化活动和创意项目，人们可以跨越年龄、性别、种族、阶层等，共同参与和分享文化活动和创意项目带来的新奇体验，增进彼此之间的感情。例如，社区举办的文化艺术节、创意市集等活动，吸引了不同背景的居民参与，大家在活动中交流互动，增进了邻里关系。一些公益性质的文化创意项目，也能够让不同群体共同关注社会问题，促进社会的和谐稳定。

产业的发展还能够为社会提供更多的公共文化空间和服务，如艺术展览、文化活动中心等。这些公共文化空间不仅为人们提供了欣赏艺术、参与文化活动的场所，还丰富了人们的业余生活，成为人们交流、学习和放松的重要场所。通过提供这些公共文化空间和服务，文化创意产业为社会的和谐发展作出了积极贡献。

2. 推动城市发展

文化创意产业对城市的发展具有重要的推动作用。一方面，它能够提升城市的文化品位和形象。一个拥有丰富文化创意产业的城市，往往充满了艺术氛围和创新活力，能吸引人才和投资。例如，一些文化创意产业发达的城市，如伦敦、纽约、巴黎等，以其独特的文化魅力和创新氛围，成为全球人才和资本的聚集地。另一方面，文化创意产业的集聚还能够形成特色文化街区和创意园区，为城市增添活力和魅力。这些特色文化街区和创意园区不仅是文化创意企业的聚集地，也是城市的文化地标。它吸引了大量的游客和创意人才，推动了城市的文化建设和发展。

3. 培养创新精神

文化创意产业强调创新和创造力，鼓励人们突破传统思维，勇于尝试新的创意和方法。在文化创意产业中，创新是核心竞争力。无论是艺术创作、设计创新还是商业模式创新，都需要不断地突破和创新。这种创新精神不仅在产业内部发挥着重要作用，还能够影响到整个社会，激发人们的创新意识和创业热情。当人们接触到各种富有创意的文化产品和服务时，会受到启发和激励，从而在自己的工作和生活中更加注重创新。培养创新精神对于国家和民族的发展至关重要，它能够推动科技进步、经济增长和社会进步。

（四）创意功能

随着文化创意形成规模化产业，创意阶层势必应运而生。创意产业的核心由从事科学和工程学、建筑与设计、教育、艺术和娱乐的人们构成，还包括更广泛的群体，即商业和金融、法律、保健及相关领域的创造性人才[①]。文化创意产业对从业人员的创新素质要求非常高，鼓励从业人员从个人独特的知识结构和创作风格中归纳总结出规律，挖掘隐性的创意增长点，为创意精品的数量和质量贡献力量。

第三节　文化创意产业的发展历程

一、萌芽阶段（20 世纪之前）

在这一阶段，尽管人们还没有明确的文化创意产业概念，但一些充满创意与文化内涵的生产活动已然存在。例如，在古老的中国，陶瓷、丝绸、木雕等手工艺品制作技艺精湛绝伦。工匠们凭借代代相传的高超技艺以及独特的创意灵感，精心打造出一件件具有高度艺术价值和深厚文化内涵的作品。这些精美的手工艺品不仅在国内广泛流通，成为人们日常生活中的珍贵物品以及文化传承的载体，还通过繁荣的贸易活动传播到其他国家，在国际文化

---

① 李晓君. 理论与实践：当代文化创意产业发展研究［M］. 北京：北京工业大学出版社，2021：19.

交流中发挥了至关重要的作用。

在欧洲，文艺复兴时期更是文化创意的璀璨绽放之时。众多艺术家和文学家们勇敢地追求个性解放和创新，他们以画笔、刻刀和文字为工具，创作出无数令人惊叹的艺术作品和文学著作。那些充满生命力的绘画、雕塑以及深刻的文学作品，无不体现着早期的文化创意元素，为后来文化创意产业的萌芽奠定了坚实的基础。

二、初步形成阶段（20世纪初至20世纪中叶）

随着工业革命的持续推进，大规模的工业化生产模式深刻地改变了文化产品的生产和传播方式。印刷技术在这一时期取得了重大发展，书籍、报纸、杂志等纸质媒体得以更加广泛地传播。人们可以更加便捷地获取各种信息和知识，文学作品、新闻报道等通过印刷品走进了千家万户。同时，电影技术的出现为文化产业带来了全新的表现形式，这种具有强大视觉冲击力和叙事能力的艺术形式迅速吸引了大众的目光。

在这个阶段，一些文化产业的雏形开始逐渐显现。例如，好莱坞的电影产业在这一时期逐步崛起。它凭借其先进的制作技术、精彩的剧情和强大的明星阵容，成为全球电影产业的重要中心。好莱坞生产出了大量具有广泛影响力的电影作品，这些电影不仅在商业上取得了巨大成功，还在文化传播方面发挥了重要作用。同时，欧洲的出版业也迎来了快速发展时期，许多著名的出版社纷纷涌现，推出了一系列优秀的文学作品和学术著作。

三、快速发展阶段（20世纪中叶至20世纪末）

"二战"后，世界经济逐渐从战争的创伤中复苏，人们对文化产品的需求不断增加。同时，电视、广播等电子媒体的兴起，进一步丰富了文化产业的表现形式和传播渠道。这些电子媒体具有传播速度快、覆盖面广的特点，能够将文化产品迅速传递给广大观众。

在这一阶段，文化产业在全球范围内得到了迅猛发展。美国的文化产业继续保持领先地位，好莱坞电影产业不断壮大，迪士尼等大型娱乐公司强势崛起。迪士尼推出了一系列经典的动画电影，如《白雪公主》《狮子王》等。这些作品以其精美的画面、动人的故事和深刻的寓意，深受全球观众的喜爱。同时，迪士尼还打造了众多主题公园，将电影中的奇幻场景搬入现实生活，为游客提供了独特的娱乐体验。

日本的动漫产业和电子游戏产业也在这个时期开始兴起。日本的动漫作品以其独特的画风、精彩的剧情和丰富的想象力，吸引了全球大量的粉丝。《铁臂阿童木》《龙珠》《海贼王》等动漫作品成为许多人的经典回忆。电子游戏产业也迅速发展，《超级马里奥》《塞尔达传说》等游戏作品风靡全球，推动了电子游戏产业的蓬勃发展。

欧洲的文化产业同样在不断进步。法国的电影以其浪漫的风格、深刻的主题和精湛的制作技术，在世界电影市场上占据了重要地位。英国的音乐产业也非常发达，诞生了许多著名的乐队和歌手，如披头士乐队、皇后乐队等，他们的音乐作品在全球范围内广泛传播，影响了几代人。

四、转型与融合阶段（20 世纪末至 21 世纪初）

信息技术的飞速发展以及互联网的普及，为文化创意产业带来了全新的变革。数字技术的广泛应用彻底改变了文化产品的生产、传播和消费方式。文化创意产业与信息技术、互联网等领域的融合不断加深，开启了一个全新的发展阶段。

新兴业态涌现。音乐、电影、书籍等文化产品开始以数字形式在网络上传播。数字音乐平台如 Spotify、Apple Music 等改变了音乐的销售和消费模式，人们可以更加便捷地获取和欣赏自己喜欢的音乐。在线视频平台如 Netflix、Hulu 等的出现对传统的电影和电视产业产生了巨大冲击。观众可以通过网络随时随地观看各种电影、电视剧和综艺节目，打破了传统媒体的时间和空间限制。

电子图书的兴起也改变了人们的阅读习惯。读者可以通过电子书阅读器、平板电脑等设备阅读电子书籍，享受更加便捷的阅读体验。此外，文化创意产业与其他产业的融合也日益加强。文化创意与旅游产业的结合，产生了文化旅游、主题公园等新型业态。人们可以在旅游的过程中体验不同的文化风情，感受文化创意的魅力。

五、全球化与多元化发展阶段（21 世纪初至今）

经济全球化的加速使得文化创意产业的市场范围不断扩大，各国之间的文化交流和合作日益频繁。同时，消费者对文化产品的需求更加多元化，对文化创意的要求也越来越高。不同国家和地区的文化相互交融，为文化创意产业的发展提供了丰富的素材和广阔的市场空间。

许多国家将文化创意产业作为国家战略的重要组成部分，加大了对文化创意产业的支持和投入。例如，韩国政府大力扶持文化创意产业，推出了一系列政策措施，包括资金支持、人才培养、知识产权保护等。韩国的电影、音乐、电视剧等文化产品在全球范围内取得了巨大成功，形成了所谓的"韩流"现象。韩国的文化创意产业不仅在国内创造了巨大的经济价值，还提升了韩国的国家形象和文化软实力。

在中国，文化创意产业也在快速发展。北京、上海、深圳等城市成为文化创意产业的重要基地，涌现出了一批具有影响力的文化创意企业和品牌。中国的电影产业不断壮大，出现了许多优秀的电影作品，如《战狼》《流浪地球》等。动漫产业也在逐渐崛起，《哪吒之魔童降世》《大鱼海棠》等动漫电影受到了观众的广泛好评。同时，文化创意产业的创新不断涌现，虚拟现实、增强现实、人工智能等新技术在文化创意领域的应用，为文化创意产业的发展带来了新的机遇和挑战。

第四节　文化创意产业人才的培养和管理

一、文化创意产业人才的培养

文化创意产业人才培养目标的实现主要依靠高校，它在文化创意人才培养方面发挥了重要作用。

（一）明确培养目标

1. 着力培养具有高度创新思维和强大创造力的人才

文化创意产业人才的培养顺应了现代社会发展的趋势①。在文化创意产业的广阔天地里，创新不仅是其蓬勃生命力的源泉，更是驱动整个行业破浪前行的核心引擎。因此，必须将培养具有高度创新思维与强大创造力的人才置于战略高度，视为推动产业持续繁荣的关键所在。这类人才，如同夜空中最亮的星。他们拥有敏锐的洞察力，能够洞察社会文化的细微变化，捕捉时代精神的脉搏；他们具备非凡的想象力，能够突破常规思维的束缚，将奇思妙想转化为前所未有的创意火花；他们更拥有不懈的探索精神，勇于挑战未知，持续不断地在创意的海洋中遨游，寻找那些能够引领潮流、触动人心的独特想法。

为了培养出这样的人才，构建一个全方位、多层次的培养体系是必需的。这包括激发人才的内在潜能，鼓励他们敢于质疑、勇于尝试，不断突破自我限制；提供丰富的教育资源和实践机会，让他们在实践中学习、在学习中创新，将理论知识与实际操作紧密结合；同时，还要营造开放包容的创新氛围，

---

① 钱敏. 高校文化创意产业人才创新培养研究［J］. 新教育时代电子杂志（教师版），2020（42）：135.

鼓励不同背景、不同领域的人才相互交流、碰撞思想，共同激发创新的火花。

具有高度创新思维和强大创造力的文化创意人才将成为推动产业创新发展的中坚力量，其不断提出的新颖独特的创意和想法，能为文化创意产业注入源源不断的活力与动能。在他们的共同努力下，文化创意产业将不断突破传统界限，拓展新的发展空间，实现更加辉煌的成就。

2. 精心培养具备精湛专业技能的人才

在深耕文化创意产业的各个领域时，精湛的专业技能对于人才的成长与行业的发展十分重要。因此，精心培养一批在专业领域内技艺超群、能够独当一面的精英人才是必要的。例如，在设计领域，教师不仅要向学生教授基础的色彩理论、构图技巧，还要引入前沿的设计理念与软件技术，如 UI/UX 设计、3D 建模与渲染等，确保学生能够掌握最新的设计工具，创作出既美观又实用的设计作品。同时，鼓励设计师深入生活，从自然与人文中汲取灵感，使设计作品富有情感与温度。

为了确保专业技能培养的针对性与实效性，教师应鼓励学生定期与行业专家进行沟通和交流，了解最新的行业动态与市场需求。同时，高校应建立一套完善的评估机制，对学生的学习成果进行全面的评估与反馈，帮助他们及时发现并弥补自身的不足，从而不断提升专业技能水平。

3. 大力培养具有跨学科知识的综合型人才

在文化创意产业的广阔舞台上，跨学科知识的融合与应用已成为推动创新与解决复杂问题的关键。因此，高校应大力倡导并致力于培养一批具有跨学科知识背景和卓越综合能力的综合型人才。

高校应积极构建跨学科的教育平台，打破传统学科的壁垒，鼓励学生广泛涉猎艺术、文学、科技、商业等多个领域的知识。高校应通过开设交叉学科课程、组织跨学科研讨会、邀请行业内外专家开展跨领域讲座与交流等方式，为学生提供丰富多样的学习资源，创造思想碰撞的机会。同时，还应注重培养学生的综合能力，包括批判性思维、创新思维、沟通协调能力以及团队合作能力等；鼓励学生在跨学科的学习过程中，勇于质疑、敢于创新，不断挑战自我；注重培养他们的团队协作能力，让他们学会在多元文化背景下与不同领域的人才共同合作，共同解决问题。

（二）优化课程设置

1. 大幅增加创新课程

为了全面激发学生的创新潜能，并为其在文化创意领域的长远发展奠定坚实的基础，高校应提高创新课程的比重与深度。这些课程将不仅仅局限于理论知识的传授，而是更加注重实践操作的引导与体验，力求通过系统而全面的教学体系，培养学生的创新思维与创意能力。

在课程设置方面，教师可以精心设计一系列旨在激发创新思维的课程，如"创新思维训练""创意方法论"等。教师可以利用案例分析、小组讨论、角色扮演等多种教学形式，引导学生跳出传统思维框架，学会从不同角度审视问题，寻找创新的解决方案。同时，高校还可以邀请行业内的创新专家与学者，让他们为学生带来前沿的创新理念与实践经验分享，当然，这也能开阔学生的视野。

除理论课程外，高校还应加强实践环节的设置，可通过组织开展创意工作坊、创新挑战赛、项目实践等活动，让学生将所学知识应用于实际创作中，亲身体验创新的乐趣与挑战。这些实践活动注重培养学生的动手能力、团队协作能力与解决问题的能力，帮助他们将创新思维转化为具体的创意成果。

高校还应建立创新课程评估与反馈机制，定期对学生的学习成果进行评估与总结，及时发现并解决教学中存在的问题。同时，鼓励学生积极参与课程评价，提出宝贵的意见与建议，以便教师不断优化课程内容与教学方式，提高创新课程的教学质量与效果。

2. 进一步强化专业课程

为了确保学生在文化创意产业中能够精准定位、高效发展，高校应进一步强化专业课程的建设，以打造一套既系统又完整的专业课程体系。这一体系能紧密围绕不同专业方向的核心需求，通过深度融合理论教学与实践操作，全方位提升学生的专业技能水平，为他们未来的职业生涯奠定坚实的基础。

首先，针对不同的专业方向，如设计、影视、动漫、游戏等，进行深入的市场调研与需求分析，确保课程内容的时效性与实用性。在此基础上，高校应精心规划每门专业课程的教学目标、教学内容与教学方法，力求做到既能全面覆盖专业基础知识，又能深入剖析行业前沿动态。

其次，在教学过程中，教师应坚持"理论+实践"的教学模式。理论教学应注重知识的系统性与逻辑性，通过深入浅出的讲解，帮助学生构建扎实的专业理论基础。同时，也应加大实践教学的比重，通过案例分析、项目实训、工作坊等多种形式，让学生在实践中学习、在学习中实践，从而更好地掌握专业技能并积累实战经验。

再次，为了确保教学质量与效果，高校还应建立严格的教学评估与反馈机制。教师应通过定期的教学检查、学生评价、教师互评等方式，及时发现并解决教学中存在的问题与不足。同时，鼓励学生积极参与课程评价与教学改进工作，共同推动专业课程体系的持续优化与升级。

最后，高校应积极与行业企业建立紧密的合作关系，共同开发专业课程与教学资源。通过引入行业专家的授课与指导、提供实习实训机会等方式，让学生更加贴近行业实际、了解市场需求，从而在未来的职业发展中具备更强的竞争力与适应能力。

3. 广泛引入跨学科课程

为了培养能够灵活应对文化创意产业多元化挑战的人才，高校应广泛引入跨学科课程，构建一个更加开放、包容的知识体系。这些跨学科课程旨在打破传统学科的界限，将不同领域的知识与技能有机融合，从而拓宽学生的知识视野，激发他们的创新思维，并培养他们的跨学科思维和综合能力。

具体而言，高校可以开设一系列具有前瞻性和实用性的跨学科课程，如"文化与科技融合""艺术与商业管理"等。这些课程能深入探索文化与科技、艺术与商业等领域的交叉点，通过案例分析、项目实践等方式，让学生亲身体验不同领域知识相互碰撞、相互融合的奇妙过程。例如，在"文化与科技融合"课程中，学生会学习如何利用数字技术、人工智能等前沿科技手段来传承和创新文化遗产，探索科技与文化融合的新模式；而在"艺术与商业管理"课程中，学生则会学习如何将艺术创意与商业策略相结合，实现艺术作品的商业化运作与市场推广。

学生通过参与这些跨学科课程的学习，不仅能够掌握多个领域的知识与技能，更重要的是能够培养出一种跨学科的思维方式。他们将学会从多个角度审视问题、分析问题，并灵活运用不同领域的知识解决复杂问题。这种跨学科的思维方式将使他们在未来的职业生涯中更加灵活多变、适应性强，能够更好地应对文化创意产业多元化的发展需求。

跨学科课程的引入还能促进不同专业学生之间的交流与合作。在共同的学习过程中，他们将相互启发、相互学习，形成更加紧密的知识共同体。这种跨学科的交流与合作有助于激发学生的创新思维和创造力，推动他们在文化创意领域取得更加卓越的成就。

（三）加强实践教学

在深化文化创意产业人才培养的过程中，高校可采取一系列创新而务实的措施，以确保学生能够在理论与实践的交融中茁壮成长，并为行业的未来贡献新鲜血液与创意动能。

1. 积极寻求与文化创意企业的深度合作，共同构建实践教学基地

实践教学基地不仅是学生将所学知识应用于实践的桥梁，更是他们深入了解行业运作、积累宝贵经验的窗口。高校应通过定期组织学生参与实习项目，让学生在真实的工作环境中直面挑战，锻炼自己的专业技能、解决问题的能力和团队协作能力。同时，高校与企业的紧密合作还能促进双方资源的有效整合，实现教学与实践的无缝对接，为文化创意产业的持续发展培养出更多符合市场需求的人才。

2. 大力推行项目教学法，将实际项目作为教学的核心驱动力

高校应通过精心挑选具有代表性和挑战性的文化创意项目，引导学生从项目策划、执行到评估的全过程参与，使他们在实践中深入理解行业的工作流程、标准与要求。项目教学不仅能有效提升学生的实践能力，还能激发他们的创新思维和创造力，让他们在解决实际问题的过程中学会如何创新性地运用所学知识。此外，项目合作还能增强学生的团队协作意识，教会他们如何在团队中发挥各自的优势，共同完成任务。

3. 全力鼓励创新创业，为学生搭建创新创业的广阔舞台

高校应通过设立专门的创新创业课程、提供创业指导和资金支持，激发学生的创业热情，帮助他们将创意转化为现实。应鼓励学生组建创业团队，参与各类创新创业大赛，与业界专家、投资人进行面对面交流，从而获取宝贵的创业经验和资源。同时，应积极寻求与地方政府、产业园区等机构的合作，为学生提供更多的创业机会和政策支持。

（四）师资队伍建设

在文化产业迅猛发展，强烈呼吁创新人才智力支持的背景下，师资建设要审时度势、与时俱进，紧跟产业经济的发展步伐[①]。可采取以下措施加强师资队伍建设，从而确保学生能够接受最前沿、最实用的教育：

1. 致力于大力引进专业人才，以充实和优化教师队伍

高校应积极物色并聘请那些在文化创意产业中具有丰富实践经验和深厚专业知识的精英人才。他们不仅能够在课堂上传授理论知识，还能分享宝贵的实战经验，为学生提供独特的视角和见解。这些优秀教师的加入，无疑将极大地提升师资队伍的整体水平和教学质量，为学生提供更加优质、全面的教育资源。

---

① 万书亮，孟爽．综合类大学艺术人才培养与教学改革［M］．天津：天津科学技术出版社，2019：103.

2. 持续加强教师培训，以确保教师队伍的专业素养和教学能力与时俱进

高校应定期组织教师参加各类培训和学术交流活动，让他们有机会了解最新的行业动态、研究成果和教学方法。通过这些活动，教师不仅能够拓宽视野、增长见识，还能够将所学所得融入教学之中，使教学内容更加贴近实际、生动有趣。同时，还应鼓励教师之间开展教学研讨和经验分享，以促进教学经验的传承和教学方法的创新。

3. 积极建立教师与企业的合作机制，以推动"产学研"深度融合

高校应鼓励教师主动与文化创意企业建立联系，共同开展项目研究和实践活动。教师通过与企业合作，可以深入了解企业的实际需求和行业发展趋势，将教学与研究紧密结合，提高自身的实践能力和对产业的了解。同时，教师还能将企业的真实案例和项目引入课堂，为学生提供更加生动、具体的实践案例和教学资源。这种合作模式不仅有助于提升教师的教学水平和专业素养，还能为学生创造更多实践和就业机会，促进他们的全面发展。

二、文化创意产业人才的管理

文化创意产业人才的管理工作主要是由政府负责开展。通过政府的有效管理，文化创意产业人才能够最大限度地发挥自身的作用。

（一）人才引进

首先，科学制定优惠政策。政府应制定具有吸引力的人才引进政策，如提供住房补贴、科研经费、子女教育等优惠待遇，吸引国内外优秀的文化创意产业人才，为产业的发展注入新的活力。

其次，不断拓宽引进渠道。政府应通过招聘、引进、合作等多种渠道，广泛引进国内外的文化创意产业人才，满足产业发展的不同需求。

最后，建立科学合理的人才评价体系。政府应建立科学合理的人才评价体系，对引进的人才进行客观、全面的评价，确保引进的人才符合产业发展的实际需要，为产业的发展提供有力的人才支撑。

（二）人才培养

首先，积极提供培训机会。政府应为文化创意产业人才提供丰富多样的培训机会，如参加学术会议、培训课程、考察交流等，不断提高人才的专业素养和创新能力，使其能够更好地适应产业的发展需求。

其次，建立健全人才培养机制。政府应建立健全人才培养机制，如导师制、轮岗制、晋升机制等，为人才的成长提供良好的环境和机会，以此激发他们的工作积极性和创造力。

最后，大力鼓励人才自我提升。政府应鼓励文化创意产业人才自我提升，如参加继续教育、自学、参加行业认证等，不断提高自身的综合素质和竞争力，为产业的发展贡献更多的力量。

（三）人才激励

首先，建立合理完善的薪酬体系。政府应建立合理完善的薪酬体系，并根据人才的能力和贡献给予相应的薪酬待遇，从而提高人才的工作积极性和满意度，吸引和留住优秀人才。

其次，提供良好舒适的工作环境。政府应为文化创意产业人才提供良好舒适的工作环境，如舒适的办公空间、先进的设备设施、丰富的文化活动等，提高人才的工作效率和创造力，让其在愉悦的工作氛围中发挥更大的潜力。

最后，建立有效的激励机制。政府应建立有效的激励机制，如奖励制度、荣誉称号、股权激励等，对表现优秀的人才进行激励，激发人才的工作积极性和创造性，为产业的发展提供强大的动力。

（四）人才流动

首先，建立科学合理的人才流动机制。政府应建立科学合理的人才流动机制，如人才市场、人才交流平台等，促进人才的合理流动，提高人才的配置效率，实现人才资源的优化配置。

其次，鼓励人才跨领域流动。政府应鼓励文化创意产业人才跨领域流动，如从设计领域流向影视领域、从动漫领域流向游戏领域等，促进不同领域之间的交流和融合，提高人才的综合素质和创新能力，推动文化创意产业的多元化发展。

最后，加强人才流动管理。政府应加强人才流动管理，如签订保密协议、竞业禁止协议等，保护企业的知识产权和商业秘密，维护企业的合法权益，确保人才流动的有序进行。

第二章　文化创意产业集群

在当今全球化与信息化浪潮中，文化创意产业以其独特的魅力和无限潜力，正逐步成为推动经济转型升级、促进文化繁荣的重要力量。本章将深入探讨文化创意产业集群这一新兴经济形态，从概述其概念与特征出发，逐步剖析其发展模式、形成机理及空间效应。文化创意产业集群不仅是文化与科技、艺术与经济的深度融合，还是城市发展的新名片。它以其创意为核心，通过集群效应促进资源的优化配置与高效利用，为区域经济的持续健康发展注入强劲动力。

第一节　文化创意产业集群概述

一、文化创意产业集群的含义

产业集群是一个有机整体，至少应该包括以下几个因素：第一，与某一产业领域相关，这是基础；第二，产业集群内的企业及其他机构之间具有密切联系，这是关键；第三，产业集群内不仅包括企业，还包括各种商会、协会、银行及中介机构等，这是产业集群的实体构成。文化创意产业也可以引入产业集群概念，形成文化创意产业集群。文化创意产业集群作为有效配置区域创新资源的新型组织形态，对促进城市发展和社会经济高质量发展具有重要的驱动作用①。产业集群化发展是产业内外部组织的更高形式。它通过集聚集群模式，能够有效实现资源共享，显著降低交易成本，从而创造更多有效的供需市场，实现整体产业水平与竞争力的提升。在全球化背景下，文化创意产业仍离不开地方独特的发展环境和当地人的创造力。当地可以通过提供独特的发展环境来吸引更多的创意者，而创意者又为当地增加了创新氛围。在文化创意产业集群发展过程中，我们要注意避免产业结构趋同。产业结构趋同，可以理解为地方将大量资源投入少数热门文化产业业态中，造成区域内各地文化产业无论是主导业态还是新兴业态都相似的现象②。

二、文化创意产业集群的特征

（一）文化根植性与反哺性的特征

文化创意产业集群的地域文化根植性表现为两方面：一是由风土人情、习俗、方言系统等组成的区域文化，构成集群的文化基础。文化创意产业集群趋向于选择在历史文化底蕴深厚、城区基础设施便利以及拥有大量创意人才的城市扎根，一旦离开当地，就成了无本之木，难以生存。二是文化资源具有价值再生性，这进一步增强了集群对特色文化资源、城市空间文化特质以及创意氛围的依赖性。并且文化资源具有可重复利用性，能够不断被转移到不同文化产品的价值中，促成新文化资源的自我再生。集群文化反哺性表现为：集群发展到一定阶段，其自身积累的产业文化，能够促进地方文化品牌的树立并重塑城市风貌。一方面，集群通过批量生产，使得创意产品的工

① 王文姬，刘柏阳. 长三角文化产业集群发展：实践成效、现实困境与战略路径［J］. 文化产业研究，2021（1）：293-303.
② 胡慧源，李叶. 长三角文化产业集群一体化发展：现实瓶颈、动力机制与推进路径［J］. 现代经济探讨，2022（9）：117-123.

艺更具专业化与地域品质，逐步形成如德国的硬朗、意大利的品质等"品牌效应"。另一方面，文化创意产业集群能够重绘城市风貌布局，形成各种特色城区。它赋予旧有区域可持续的文化生产功能，促进城市功能空间转型，并集聚众多文艺创作者，形成创意地产、私人定制饮食、个性范服饰等体验经济。

（二）要素的集聚性特征

文化创意产业集聚区，显著体现为文化创意企业与人才、资金、项目、交易及消费等产业和市场要素在一个区域里的相对集聚。作为现代城市经济与文化深度融合的典范，其核心特质在于各类关键要素的紧密聚合与高效互动。这里不仅是文化创意企业孵化的摇篮，更是人才智慧碰撞的场所。优秀的创意人才汇聚一堂，携带着前沿的设计理念与跨界思维，为产业注入源源不断的创新活力。资金作为产业发展的血液，在集聚区内通过风险投资、私募股权等多种形式精准滴灌，助力初创企业快速成长，实现从概念到市场的跨越。项目孵化与加速机制完善，为创意落地提供全方位的支持，从项目策划、设计开发到市场推广，每一环节都有专业团队保驾护航。交易平台的搭建，则有效缩短了创意产品与市场的距离，促进了供需双方的高效对接，加速了文化价值的商业化进程。此外，消费文化的培育与升级也是集聚区不可或缺的一环，它不仅满足了人们的精神文化需求，还通过体验式消费、文化IP衍生等方式，拓宽了文化产业的盈利边界，形成了良性循环的市场生态。综上所述，文化创意产业集聚区的集聚性，是推动文化产业高质量发展的强大引擎，为城市经济注入了新的活力与动能。

（三）关系多维与灵活的特征

文化创意产业集群以"内容生产"为核心，通常围绕同一特定主题展开，包含较广的行业范围。产业间相互关联，会依据不同创意产品生产的需求，形成不同的行业组合形式。譬如在日本动漫产业集群的发展进程中，创意活动主要围绕工作室展开。其中，IP开发、动漫制作、游戏周边等业务，分别由集群内不同的公司负责。这样的运作模式，构建了一种组合方式灵活、市场广泛且垂直分工明显的多维创新关系。文化产品和服务的创作、生产及传播具有极高的流动性，对特定空间的依赖程度较低。部分工序可以分散在境内、境外多个地点，甚至在线上就能完成。所以，文化产业集群能够超越地理空间的限制和约束，组织生产创意产品或提供文化服务。此外，在文化创意产业集群中，企业往往基于临时或短期的合同项目来开展业务。它们通过建立新的文化项目关系，吸引了各行各业甚至世界各地的创意者、专业人士和内容供应商的加入。一旦项目完成，人员便会解散，呈现出灵活雇佣及职业自由的特点。正是这种灵活松散的雇佣关系，使得创意人才能跨越组织边界，通过个人推荐、行业圈子等方式实现个人价值，为集群内企业带来异质的、新鲜的甚至是独特的信息、知识与灵感，促进城市创意阶层的充分涌流，激发城市的创造力，构筑城市的开放式愿景。

（四）创意的隐秘与扩散特征

对于文化创意产业集群而言，消费者的需求偏好与创意生产亦是相互的隐性作用和难以捉摸的①。与传统产业集群的生产定向式产品和可预测的市场份额相比，虽然文化创意产业集群中的创意工作者更加专注于产品的原创性，以及出色的艺术表现与艺术的和谐统一，但难以准确预测消费者对产品的接受与偏好程度，增加了创意的风险性。与此相悖的是，创意产品或服务亦可为消费者创造新的需求刺激点，通过潜移默化的方式影响消费者的选择，获得潜在收益。文化创意产业集群表现出更为活跃的创意扩散。集群营造了宽松自由的社会环境氛围，通过"咖啡馆效应"式的非正式沟通实现知识溢出。其中一部分知识外溢成集群中流动的公共知识，进而形成有限范围的"创新空气"，促进隐含经验性知识的交流。集群内的文化创意企业更多的是合作关系，它们把同行作为自己学习的对象和灵感的来源，产生了更好的创

---

① 詹绍文，王敏，王晓飞. 文化产业集群要素特征、成长路径及案例分析——以场景理论为视角 [J]. 江汉学术，2020（1）：5-16.

意。例如，一部电影爆火后，会引来诸多同类型电影的制作，这些电影有可能取得同类型的成功。此外，文化创意产业集群中的创意扩散突破了地理范围、文化设施以及资源禀赋等外在因素的限制，其蕴含的价值文化实现了虚拟空间的无限延伸，将创意与艺术融入到城市制造生产、文化消费以及文化观念之中，成为衰退城区转型再生的重要途径。

（五）产业的辐射性特征

文化创意产业集群不仅能极大地促进和引领核心产业的健康发展，还能吸引大量服务于该核心产业的其他机构和企业，实现规模性扩张。这使得文化创意产业集群有着强大的辐射力和影响力，进而推动整个区域经济的快速发展①。

文化创意产业集群，作为现代化经济体系中的璀璨明珠，其独特的辐射性特点尤为显著。这一集群不仅使内部各要素紧密相连、相互促进，还以其强大的外溢效应，对周边乃至更广泛区域的经济、文化以及社会结构产生深远影响。文化创意产业集群是创新的策源地。在这里，源源不断的创意灵感被转化为实际的产品或服务，不仅丰富了市场供给，还通过技术革新、模式创新等方式，引领着行业发展的潮流。这种创新能量如同磁石一般，吸引着更多的创新资源向集群汇聚，形成正向循环。

文化创意产业集群的辐射性还体现在产业链的延伸与拓展上。随着集群内企业的不断成长和相互协作，上下游产业链逐渐完善，形成了完整的生态系统。这种产业链的延伸不仅促进了资源的优化配置，还带动了相关产业的发展，为区域经济的多元化和可持续增长提供了有力支撑。文化创意产业集群还具有很强的文化传播功能。集群内的创意产品往往承载着丰富的文化内涵，体现了独特的地域特色，通过市场流通和消费者体验，这些文化元素得以广泛传播，增强了区域文化的影响力和认同感。同时，集群内的文化交流

---

① 李辉，魏艺.文化创意产业发展模式研究［M］.延吉：延边大学出版社，2019：133-134.

与合作也促进了不同文化之间的融合与创新,为文化多样性的发展贡献了力量。

文化创意产业集群以其独特的辐射性特点,不仅推动了自身产业的繁荣发展,还在更广泛的层面上促进了经济、文化乃至社会的全面进步。

三、文化创意产业集群的演化特征

（一）本地知识生产推动产业结构演替的特征

文化创意产业集群高度重视场所的文化特性,即使是由地产商重新开发改造,也都在一定程度上保留或沿袭了原有场所的文化要素,甚至还会通过景观的营造来重新塑造地方记忆。首先,在演化视角下,路径依赖既是一种"锁定"的状态,又是一种非遍历性随机动态的过程。其次,路径依赖是一种由单个事件序列构成的自增强过程,早期偶然的历史事件很容易导致后期发展路径和绩效的巨大差异。最后,路径依赖强调系统变迁中的时间因素和历史的"滞后"作用。在旧的产业空间向文化产业园区转型的过程中,尽管其产业内容和经营方式发生了质的改变,但由于初始条件和开发管理企业存在差异,也使不同的文化产业园区呈现出不同的风格,如注重产业规模效应的产业型园区、注重艺术创作活动的艺术型园区、注重旅游休闲开发的商业园区,等等,这些风格均能够在一定时间内得到延续[1]。

对于许多制造业企业来说,跨国公司与本地经济的互动,为它们搭建了远距离知识交流的通道。改革开放后的很长一段时间里,跨国公司为本地企业引入了新的技术和管理经验,在一些地区对于产业集群的演化和新产业的形成起到了关键作用。在科技创新方面,全球的技术和产业发展也深刻地影响着中国的产业政策,跨国公司的进入也改变了原有的地方生产网络和组织形式。然而,对于文化创意企业而言,虽然存在着相当数量的跨国公司和大

---

[1] 赵政原. 文旅兴市:现代城市空间的转型与重构 [M]. 南京:东南大学出版社,2023:88-91.

型国有企业，但总体来看，立足本地知识生产的中小企业才是创意活动的关键性力量。事实上，对于许多文化创意类的中小企业来说，其选址、合作乃至企业发展方向，受到本地外部冲击的影响较大。在不同政策引导和地方合作网络影响下，这些企业做出的路径的选择，直接推动了产业结构的演替。

从中国众多城市文化创意产业集群的演进情况来看，地方政府通常能够为其发展开辟新的路径。在地方培育发展创新型产业集群的过程中，政策引导至关重要①。政府注重顶层设计与战略规划，明确文化创意产业的发展方向与目标，制定科学合理的政策措施，为产业集群的发展提供了清晰的蓝图和有力的政策保障。同时，政府增加财政投入与资金支持力度，设立专项基金，将其用于文化创意项目的孵化、企业的培育以及市场的拓展，有效降低企业的融资成本与风险，以此激发市场活力。此外，政府还积极搭建公共服务平台，整合各类资源，为集群内的企业提供技术研发、市场咨询、人才培养等一站式服务，助力企业快速成长。为进一步优化营商环境，政府持续推进简政放权，深入开展"放管服"改革，提高审批效率，降低企业运营成本。同时，政府强化知识产权保护工作，严厉打击侵权行为，维护良好的市场秩序，保障创意成果的合法权益。更值得一提的是，政府还注重发挥市场在资源配置中的决定性作用，鼓励社会资本参与文化创意产业投资，形成多元化的投融资体系，推动文化创意产业集群向更高层次、更广领域发展。这些举措共同构成了中国城市文化创意产业集群发展的新路径，为产业的繁荣注入强劲动力。另外，一些发展较好的园区管理企业也开始积极打造专业的企业社群、企业家社群以及员工社群，并在此基础上构建园区的品牌化体系并形成园区品牌社群，对园区的品牌社群进行体系化运营。这些措施极大地促进了本地知识的生产。在中国经济步入新时代的背景下，中国的文化创意

---

① 耿凯，普银富，施俊仙．从政策视角浅析地方创新型产业集群的培育与发展［J］．云南科技管理，2024（2）：1-3.

产业集群显现出越来越强的竞争力，日益成为区域经济发展的重要推动力量①。

（二）文化创意产业园区的演化逻辑特征

在演化经济学的语境中，差异性和多样性既体现在具有主动适应性的多元微观主体上，也表现在因"主体集聚"而形成的城市文化产业集群呈现出的不同形态上。不可否认的是，现代服务业和文化创意产业在生产和消费过程中与传统制造业存在本质差异，难以直接将文化创意产业的产业结构演替和产业分叉等同于制造业的创新活动。文化创意产业是为满足顾客的总体价值，为顾客创造新的"经验"，其创新绝不仅仅是简单的功能实现和需求满足，也包括了精神价值在内的多元价值的实现。由于文化创意产业是为顾客创造新的"经验"，所以文化内容产品的消费市场相较于传统制造业往往更加难以预测。因此，在创意活动开展的过程中，需要充分地预计文化创意产品可能出现的失败情况。而这种对失败的充分预估虽会导致一定程度的低效率，但这对于文化产业的成功来说同样是不可或缺的。文化创意产业园区集群创新生态系统的构成要素，需涵盖能为文化产业集群创新发展提供支持的基本生活配套服务设施、便利的交通、优越的地理环境以及先进的网络硬件环境②。

随着文化创意产业园区软硬件设施的逐渐成熟，园区倾向于依据自身的定位来选择和吸引特定的企业入驻，确保一批从事科技研发、创意设计、文化传媒等符合集群文化特征的行业的品牌企业，能够得到较高水准的培育。与入驻企业一样，园区运营和管理企业也在技术、资本和服务方面寻求着创新。这些企业紧跟时代步伐，不断在技术革新上精耕细作，引入智能化管理

---

① 高晗，陆军.基于社会网络视角的中国创意产业集群创新研究［J］.哈尔滨工业大学学报（社会科学版），2018（4）：124-133.

② 姜照君，吴志斌.文化产业集群知识溢出对企业创新能力的影响——以国家级广告产业园区为例［J］.江淮论坛，2020（6）：66-72.

系统，以此提高运营效率、提升服务品质。同时，园区应积极拓宽融资渠道，与金融机构进行深度合作，为入驻企业提供定制化金融解决方案。在服务创新方面，园区应注重构建开放共享的交流平台，以此促进知识共享与业务合作。不仅如此，园区还推出了一系列定制化增值服务，如市场调研、品牌策划等，全方位助力入驻企业成长，共同推动文化创意产业园区生态的持续优化与升级。一方面，这些依托于园区自身文化、体验以及技术特色所形成的产业集群或许最初并不存在较强的技术关联，但随着与园区的不断互动与耦合，将逐渐在文化、制度、技术方面形成关联性。另一方面，文化创意企业在其发展的不同阶段，对园区的需求往往存在差异，很少有文化创意产业园区能够满足处于不同发展阶段的文化企业的商务和科技服务需求，这也导致园区内的企业往往有着较高的流动性。

随着现代城市进入后工业化社会，具有差异性和多样性的城市空间也与消费社会的多元社会经济需求相互适应、相互促进。在此背景下，城市更新和产业发展也面临着如何与城市文化个性化结合而避免同质化的挑战。因此，不少园区内增加了开放广场等公共空间，并提供遗迹展示区域和展馆对自身的历史文化进行展示。同时，进一步增加零售商业和餐饮业等服务设施，为前往参观游憩的市民及游客提供便利。这种基于消费者的文化认同和历史经验，且文化关联性较强的体验设施和配套服务将有助于提高文化创意产业园区的成功率，增强其抵御市场风险的能力。

四、文化创意产业集群的类型

（一）文化式集群和区位式集群类型

1. 文化式集群类型

文化式集群是文化创意产业集群中极具特色的一种类型，其形成与发展深深扎根于共同的文化背景、发展思路、价值观念或制度环境。这种集群模式不只是地理空间上的企业聚集，更是文化与创意的深度融合与碰撞。在文化式集群中，各参与企业往往拥有相似的审美取向、创新理念和艺术追求，这种文化上的趋同性成为集群形成的重要基础。它不仅增强了集群内企业的归属感和认同感，还促进了企业间的紧密合作与资源共享。在共同的文化土壤上，创意灵感得以自由流淌，创意作品不断涌现，推动了整个集群的创新能力和竞争力的提升。

此外，文化式集群还具备显著的交流与互动优势。集群内的企业经常举办文化交流、创意工作坊和展示展览等活动，为创意人才提供了广阔的交流平台和展示机会。这种高频次的互动不仅促进了创意的碰撞与融合，还加强了企业间的信任与合作，为集群的稳定发展奠定了坚实的基础。以纽约的SOHO艺术创意集群为例，这一集群的形成得益于共同的文化背景和审美追求。艺术家们在这里集聚，将闲置的厂房转变为创作空间，逐渐形成了独具特色的艺术社区。随着时间的推移，SOHO不仅成为纽约乃至全球艺术界的重要地标，还吸引了大量游客和投资者的关注，为当地经济注入了新的活力。

文化式集群凭借其独特的文化魅力、强大的创新能力和紧密的交流互动优势，在文化创意产业中占据着举足轻重的地位。随着全球化进程的加速和创意经济的蓬勃发展，文化式集群有望迎来更加广阔的发展前景。

2. 区位式集群类型

区位式集群通常依托特定的地理区域发展，如大城市的文化中心、历史街区、高校周边或风景名胜区等。这些区域凭借深厚的历史积淀、大量的人才汇聚、有力的政策扶持，以及优越的自然环境，成为文化创意产业发展的沃土。区位式集群的形成得益于其独特的地理位置。这些区域往往交通便利、基础设施完善，能够吸引大量文化创意人才、企业和资金的汇聚。区域内的文化资源丰富，如历史遗迹、艺术场馆、博物馆等，为创意产业提供了丰富的素材和灵感来源。在区位式集群中，企业之间的合作与交流更为频繁。由于地理位置的接近，企业能够更容易地共享资源、信息和市场机会，降低交易成本，提高创新效率。此外，集群内的企业往往形成紧密的产业链关系，从设计、生产到销售等环节相互衔接，共同推动产业的发展。

区位式集群还具备强大的品牌效应和影响力。这些区域因其独特的文化氛围和创意氛围，吸引了大量游客和消费者的关注，成为城市的文化地标和旅游热点。这种品牌效应不仅提升了集群内企业的知名度和美誉度，还带动了周边区域的经济增长，促进了社会发展。

区位式集群凭借其地理位置的独特性、资源集聚的便利性和强大的品牌效应，在文化创意产业发展中发挥着重要作用。随着全球化和信息化的发展，区位式集群将继续发挥其优势，推动文化创意产业的繁荣与创新。

（二）轮轴式集群和"大饼式"集群类型

1. 轮轴式集群类型

轮轴式集群的独特之处在于，它围绕一个或多个核心企业构建起强大的生态系统。这些核心企业如同轮轴的中心，以其强大的品牌效应、技术创新能力及市场影响力，吸引着众多中小企业、服务机构及创意人才聚集在其周围，共同形成了一张紧密相连的产业网络。在轮轴式集群中，核心企业不仅是创新的源泉，更是产业链的整合者。它们通过订单、技术转移、品牌授权等多种方式，与中小企业形成紧密的合作关系，促进资源的高效配置与共享。这种合作模式不仅降低了中小企业的创新风险和市场进入成本，还加速了新技术、新产品的商业化进程，推动了整个集群的快速发展。轮轴式集群的优势在于其高度的协同性和灵活性。集群内的企业之间形成了紧密的分工与合作，实现了优势互补和资源共享。同时，集群还具备快速响应市场变化的能力，能够根据市场需求及时调整生产和服务策略，保持竞争优势。此外，轮轴式集群还促进了文化的交流与融合。核心企业与中小企业之间的频繁互动，不仅推动了创意的碰撞与融合，还促进了不同文化元素的相互渗透与影响，为文化创意产业的发展注入了新的活力。

2. "大饼式"集群类型

"大饼式"集群的特点是，在同一产业领域内，大量生产相同或类似产品的企业高度聚集，共同构成了一个庞大的市场供给体系。这种集群形式犹如一张大饼，各企业如同饼上的各点，虽功能相似却相互依存，共同支撑起整个产业生态。在大饼式集群中，企业间的竞争与合作并存。由于产品相似度高，企业间往往需要通过不断创新、提高品质或优化服务来赢得市场份额。这种竞争压力促使企业保持敏锐的市场洞察力，紧跟行业动态，加速产品和服务的迭代升级。同时，为了共同抵御市场风险，企业间也会开展广泛的合作，如共享市场信息、联合采购原材料、共同开发新产品等，形成了一种既竞争又合作的独特氛围。大饼式集群的优势体现在规模效应和专业化分工上。大量同类企业的聚集，使得该集群在原材料采购、生产成本控制、销售渠道拓展等方面具有显著优势。此外，专业化分工的深化也提高了生产效率和产品质量，使得集群整体更具竞争力。

第二节　文化创意产业集群的发展模式

一、文化创意产业集群发展的人才集聚模式

在文化创意产业众多发展模式中，人才集聚模式极为常见，并且极具典型代表性。创意人才是文化创意产业发展的核心要素，人才的集中会吸引相关资源的流动，最终促使集聚区的形成。一般来说，此类集聚区有着浓郁的创意氛围，以开放、自由、包容和前卫为特征，汇聚了大量以创意工作室为主要形式的中小型文化创意企业。人才集聚模式是文化创意产业集群发展的重要驱动力之一。该模式强调以人才为核心，通过吸引、培养和留住高素质、专业化的文化创意人才，形成人才聚集效应，进而推动整个集群的创新与发展。

在人才集聚模式下，文化创意产业集群注重构建良好的人才生态环境。这包括提供优质的工作空间、完善的配套设施、丰富的文化资源和良好的政策环境等，以吸引和留住人才。同时，集群还积极与高校、科研机构等展开合作，建立产学研合作机制，为人才提供持续的学习和发展机会。人才集聚模式的优势在于能够激发创意灵感，促进知识共享和技术创新。当大量高素质的文化创意人才聚集在一起时，他们之间的交流和合作将变得更加频繁和深入，从而激发出更多的创意火花。此外，人才集聚还有助于形成产业链上下游的紧密合作，推动整个集群的协同发展。

当然，人才集聚模式也面临一些挑战。例如，如何保持人才的持续流入和稳定留存，如何避免人才流失和恶性竞争等问题。因此，在推动人才集聚模式的发展过程中，需要注重制定科学合理的人才政策，加强人才培养和引进工作，同时建立健全人才激励机制和评价体系，为人才提供更好的发展机会和待遇保障。

二、文化创意产业集群发展的依市集聚模式

依市集聚模式的文化创意产业园区以规模较大的企业群为依托，其特色是由若干大规模企业组成、产业关联度高、集群效益显著，具有强大的竞争力。电影、电视等较复杂的创意行业的集聚，往往以这种类型呈现。在这种模式下，城市或市场成为文化创意产业发展的核心驱动力。城市拥有丰富的文化资源、完善的基础设施、活跃的市场需求和开放的政策环境，为文化创意产业的发展提供了得天独厚的条件。市场则通过需求引导、资源配置和竞争机制，促进文化创意产业的不断创新和升级。

依市集聚模式的优势在于能够充分利用城市或市场的资源禀赋和市场需求，形成产业集聚效应和规模效应。通过企业间的相互协作和资源共享，可以降低生产成本，提高生产效率，增强市场竞争力。同时，城市或市场的品牌效应和影响力也能够为文化创意产业带来更多的商业机会和发展空间。其

中，好莱坞是此类集聚区的典型案例。好莱坞位于美国西海岸加利福尼亚州洛杉矶市西北部郊外，依山傍水，景色宜人，现已是世界著名的电影城。好莱坞是全球电影、音乐、时尚的中心地带，引领和代表着世界顶级娱乐产业。米高梅电影公司、迪士尼电影公司、哥伦比亚影业公司、环球影片公司、华纳兄弟公司等电影巨头都汇聚在好莱坞。在这里，时尚与科技相互促进发展，有深厚的时尚底蕴和雄厚的科技力量作为支持。由于集聚效应显著，这里形成了多层次的媒体产业，各产业共享人才、信息、技术，共同发展，不断拓展市场。

然而，依市集聚模式在发展中也需要注意一些问题。例如，如何避免同质化竞争和恶性竞争，如何保持产业的持续创新和发展动力，以及如何平衡城市发展与环境保护，等等。因此，在推动依市集聚模式的发展过程中，需要注重制定科学合理的产业规划和政策引导，加强产业间的协同创新和融合发展，并同时注重环境保护和可持续发展。

三、文化创意产业集群发展的规划集聚模式

规划集聚模式是文化创意产业集群发展的战略性选择。它强调通过科学合理的规划和布局，引导文化创意产业相关企业、机构和人才在特定区域内集中，形成具有明确发展方向和竞争优势的产业集群。规划集聚模式的园区主要指那些有着专门的规划和治理的文化创意产业园区，一般由政府或者企业通过系统完善的事先规划，选定区域进行投资、建设，从而形成具有特定边界范围的文化创意产业集聚区。由于外界力量的介入，此类集聚区有相对封闭的特点，能够被复制和在其他地区或国家推广。规划集聚模式的核心在于"规划先行"，即在充分调研和评估的基础上，结合区域资源禀赋、市场需求和发展趋势，制定详细的产业发展规划和空间布局方案。规划内容通常包括产业集群的定位、发展目标、功能分区、项目引进、政策支持等多方面，旨在通过系统性、前瞻性的规划，为文化创意产业集群的健康发展奠定坚实

基础。规划集聚模式的优势在于能够避免产业发展的盲目性和无序性，从而提高资源利用率和市场竞争力。该模式通过科学的规划和布局，可以引导企业间形成合理的分工与协作关系，促进产业链的完善和延伸。同时，规划集聚模式还有助于打造具有区域特色的文化品牌，提升集群的整体形象和知名度，从而吸引更多的资本、人才和技术等要素向该区域集聚。例如，中关村创意产业先导基地是北京市首个创意产业基地，目前，该基地已形成了互联网、软件、游戏、创意设计、动漫画、数字内容、出版传媒等产业集群，已有新浪、百度、腾讯、第一视频、远景东方、华旗资讯、联众、光线传媒等创意企业入驻。

四、文化创意产业集群发展的综合集聚模式

综合集聚模式的文化创意产业集群是指那些具有自发集聚生成和规划发展双重特性的文化集聚区，是在文化创意产业发展领域，由相互关联的公司、专门供应商与服务提供商、相关产业的企业和有联系的机构在地理空间上集聚所形成的经济聚落空间，是集人物、环境和活动于一体的复合文化空间①。一般来说，这种类型的集聚区通常出现在废弃的旧城区。在旧城区中，原有的工业部门撤离，创意工作者和文化创意企业入驻，政府或其他部门通过对该城区的全面规划和建设，重点发展文化创意产业，给区域经济注入活力，辐射和带动传统产业的升级和整合。综合型的集聚区不仅着眼于文化创意产业发展，还致力于实现城区改造以及带动相关经济活力的目标。

综合集聚模式融合了多种集聚模式的优点，通过全面考虑区域资源、市场需求、政策环境等多方面因素，实现文化创意产业在特定区域内的综合、高效、协同发展。综合集聚模式强调"多元融合"与"系统优化"。这种模式不仅注重文化创意产业内部各环节的紧密衔接和相互支撑，还强调与文化、

---

① 朱海霞，刘畅. 黄河流域陕西段大遗址文化产业集群空间规划模式研究——以汉宣帝杜陵为例［J］. 城市问题，2022（12）：42-54.

科技、旅游等相关产业的深度融合，形成跨界融合、互动发展的产业生态。通过构建完善的产业链和价值链，实现资源的高效配置和价值的最大化创造。综合集聚模式还注重政府、市场、企业等多方主体的协同作用。政府通过制定科学合理的产业政策和规划，提供必要的政策支持和公共服务；市场则通过竞争机制和资源配置功能，引导企业不断创新和升级；企业作为产业发展的主体，通过技术创新、产品创新和商业模式创新，推动整个集群的持续发展。

综合集聚模式的优势在于能够充分发挥各种资源的协同效应，形成强大的产业竞争力和市场影响力。它不仅有助于提升文化创意产业的附加值和品牌影响力，还能够带动相关产业的发展和升级，促进区域经济的全面繁荣。

第三节 文化创意产业集群的形成机理

一、文化创意产业集群的竞争机理

产业竞争力分为以下四种要素：一是产业的进入壁垒；二是产业之间的兼并与抗压能力；三是产业供应方的价格协调能力与产业购买方的价格协调能力；四是产业竞争者之间的实力差距。这四种竞争的主要因素影响着文化创意产业集群的发展，从而使得产业之间互相竞争、互相合作。文化创意产业集群也被称为文化创意产业集聚区。

第一，集聚区可降低文化创意产业的进入壁垒。具体表现为以下几种情况：①集聚区可以提高创意者的名气，降低品牌壁垒；②集聚区可以容纳较小规模的创意产业，降低规模壁垒；③集聚区可以凝聚创意人才的供给，降低市场价格，降低价格壁垒；④集聚区可以降低文化创意产业的投资成本，降低投资壁垒；⑤集聚区聚集着大量的行业渠道，降低转换壁垒；⑥集聚区可以增加大量的创业机会、就业机会，政府也会对其进行一定的政策扶持，降低政策壁垒。

第二，集聚区可增强文化创意产业之间的抗替代能力。文化创意产业集聚区主要有两个作用：一是增强产业的整体对外竞争力；二是增强凝聚力，不被其他产业取代。文化创意产业集聚区是文化创意产业的孵化器和加速器，能够巧妙地将相关企业、人才和资源汇聚一堂，通过紧密的竞争与合作关系，激发出前所未有的创新活力与市场竞争力。这种集聚效应不仅放大了产业的整体优势，还促进了知识的快速流动与技术的跨界融合，为文化创意产业的蓬勃发展注入了强劲动力。

第三，集聚区可增强文化创意产业供需双方的议价能力。由于产业都处于同一集聚区，因此供应商能够在同一个集聚区找到多家购买其产品的客户，这使得供应商的议价能力得以相对提升。这就意味着同一集聚区内，创意产业者的竞争强度将会变得更大。而集聚区内的创意产业者们的议价能力则相反。在同一地区有大量的产品需求，从业者通过议价，会使供货商之间的竞争强度大大增加。

文化创意产业集聚区通过规模效应和专业化分工，降低了生产成本和交易成本。供应商在集聚区内能够享受更高效的供应链管理和资源共享，从而降低了产品成本，提高了价格竞争力。同时，集聚区内企业间的紧密合作和频繁交流促进了信息流通，有助于供应商更精准地把握市场需求，提升产品定制化能力，进一步增强议价能力。集聚区汇聚了大量创意人才和优质企业，形成了强大的创意产出能力。这使得供应商在提供产品时具有更高的附加值和差异化优势，增强了其在谈判中的议价能力。同时，集聚区内的竞争机制也促使供应商不断提升产品质量和服务水平，以此来赢得更多的市场份额。

第四，集聚区可缩小文化创意产业竞争者之间的实力差距。文化创意产业的实力主要有以下两点：一是人才的知识基础，二是人才的技能基础。在集聚区内部，创意者可以学到更多的知识，彼此间的交流也比以往更加频繁，这有助于缩小他们之间的实力差距。文化创意产业集聚区之所以能够缩小文化创意产业竞争者之间的实力差距，原因在于其独特的集聚效应和资源共享机制。首先，集聚区内企业在业务上存在关联性和互补性，这促进了资源共享和协同创新，使得中小企业能够借助大企业的资源和经验，快速提升自身实力。这种合作模式打破了单一企业资源的局限性，促进了知识的外溢和技术的传播，有助于中小企业迅速成长。其次，集聚区通过提供完善的产业链和配套服务，降低了中小企业的进入门槛和运营成本，使得更多企业有机会参与到文化创意产业的竞争中来。这种开放包容的环境促进了竞争者的多元化，也促进了企业间的良性竞争，进一步缩小了实力差距。

二、文化创意产业集群的创新机理

文化创意产业集群也被称为文化创意产业集聚区。

第一，文化创意产业集聚区增加了文化创意产业的竞争压力，同时也转化为发展动力，进而产生激励机制。集聚区能够增强文化创意产业之间的竞争力，促进文化创意产业的发展，形成较为完善的竞争机制[①]。在文化创意产业集聚区内，企业间的频繁互动与合作不仅激发了新的创意火花，还促使各家企业不断优化自身的产品与服务，以在激烈的市场竞争中脱颖而出。这种良性的竞争氛围促进了资源的有效配置与利用，推动了技术创新与产业升级，最终形成了更为完善、健康的竞争机制，为文化创意产业的蓬勃发展注入了强大动力。产业集聚区还促进了市场机制的优化，建立了公平竞争的市场环境，使得文化创意产品能够按照市场规律进行生产、推广和销售，从而进一步激发企业的积极性和创造力。

第二，文化创意产业集聚区能增加文化创意产业的知识资本和人力资本。

---

① 李晓君．理论与实践：当代文化创意产业发展研究 [M]．北京：北京工业大学出版社，2021：29-33.

集聚区大多位于大城市，邻近历史名胜、文化组织、科学机构以及大学，方便人们互相交流，从而促进集聚区的文化发展。集聚区内的知识交流，能够推动创意的诞生，从而在一定程度上增加了文化创意产业的知识资本。集聚区通常能吸引大量高素质的文化创意人才，这些人才在相互学习与竞争中不断成长，形成了丰富的人力资本储备。集聚区内的教育培训机构、科研机构等资源也为人才提供了持续学习和提升的机会，进一步提高了人力资本的质量。同时，政府及社会各界对文化创意产业的重视与支持，为集聚区提供了良好的政策环境和发展平台，吸引了更多知识资本和人力资本的投入，推动了文化创意产业的繁荣发展。

第三，文化创意产业集聚区为创意生产提供了合适的基础设施。许多集聚区能够为创意产业人才提供良好的、舒适的基础设施，从而促进人们创意灵感的诞生。文化创意产业集聚区之所以能为创意生产提供合适的基础设施，原因在于其拥有精心规划和建设的全方位支持体系。集聚区通常具备现代化的办公环境，包括高速网络、先进的工作室设施等，为创意工作者提供了高效、舒适的创作空间。为了促进创意的孵化与转化，集聚区还配备了专业的研发机构、设计中心和实验室，为创意生产提供了必要的技术支持和设备保障。集聚区还注重构建公共服务平台，如知识产权保护、市场推广、法律咨询等，为创意产品从设计到市场的全过程提供一站式服务。这些完善的基础设施，为创意生产提供了坚实的基础，促进了文化创意产业的繁荣发展。

第四，文化创意产业集聚区为创意项目营造了良好的投融资环境。集聚区内汇聚了数量庞大的创意工作者，在长期的交流与合作中，大家自然而然地形成了约定与规范。这种环境有利于降低投资者的风险，进而吸引大量的投资者。与一般产品相比，文化创意产业的产品销售难度较大，尤其是一些小型创意产业和知名度较低的创作者，销售更是难上加难。但只要整个集聚区树立起良好的品牌形象，就可以带动整个集聚区的品牌形象，进而开拓市场。

第五，文化创意产业集聚区为创意生产者提供了较好的制度环境。在集聚区的发展过程中，难免会出现很多问题，为此，政府出台了一系列政策，如制定产权法案、反不正当竞争法、行业规范条例。政府通过制定一系列优惠政策，如税收减免、资金扶持等，降低了创意生产者的运营成本，激发了其创新活力。除了政府的管理，在集聚区内部，大家也会共同自发建立约定并共同遵守，从此形成和谐友好的文化创意产业集聚区。此外，集聚区还注重营造开放、包容、多元的文化氛围，鼓励创意生产者之间的交流与合作，促进创意的碰撞与融合。这些制度环境的优化为创意生产者提供了良好的创作条件和发展空间，推动了文化创意产业的持续繁荣。

第六，文化创意产业集聚区能增加文化创意产业的社会资本。集聚区为人们提供了更多的非正式交流机会，开阔了人们的眼界，这是集聚区的一个优势。厂商的集中分布，有助于创造性构想的形成。创新所用到的知识是不可见的，只可意会不可言传，这也就意味着这类知识只能通过人与人之间的交流、接触才能被感知。

第七，文化创意产业集聚区能增加文化创意产业的文化资本。集聚区通过提高文化创意产业内部的文化认同度和促进内部文化创意产业的互相融合，从而增加文化资本。集聚区内聚集了众多文化创意企业和人才，他们带来的多元文化和创意元素相互交融，形成了独特的文化生态。这种文化生态不仅丰富了文化创意产业的内容，也提升了其文化价值。集聚区内的企业和个人通过频繁的交流与合作，促进了文化知识的传播与共享，进一步加深了文化资本的积累。集聚区还注重挖掘和传承地方文化特色，通过将传统文化与现代创意相结合，创造出更多具有文化底蕴和时代特色的文化创意产品，从而增加了文化创意产业的文化资本。

三、文化创意产业集群的交易成本节约机理

第一，文化创意产业集聚区能提高文化创意产业交易者的判断决策能力。

文化产业集聚区有着大量的相关产业信息，这不仅方便了创意者的信息收集，降低了对人们的信息分析能力的要求，还在一定程度上缓解了文化创意产业在获取信息方面的有限性。集聚区内有众多的文化创意产业交易者，他们聚集于此，试图在第一时间发现优质、经典的创意产品。同时，交易者之间互相学习、共同进步，汲取他人成功经验，总结大家存在的不足与教训，进而理性地提高他们的交易判断与决策能力。

第二，文化创意产业集聚区能约束交易伙伴的机会主义行为。集聚区有以下两点优势：一是较好的制度环境，二是诚信的商业道德。作为一个团体，集聚区能够对一些不法和不当的机会主义行为进行约束。此外，集聚区的交易并非都是一次性的，还有长期合作，这也能够约束一些不当行为，因为希望长期合作的人自然会共同抵制机会主义行为。再者，集聚区的品牌形象，也是抵御机会主义的有力保障。

第三，文化创意产业集聚区能增加交易伙伴的数量。首先，随着集聚区的发展，前来的创意者会不断增加，集聚区内的交易量会越来越大，交易伙伴也会越来越多，交易伙伴的数量会随着集聚区的人数增加而不断上升。集聚区内汇聚了大量文化创意企业和相关机构，形成了一个紧密联系的产业网络。这种网络效应使得企业之间更容易建立合作关系，共同开展项目，进而增加了潜在的交易伙伴。其次，集聚区内的企业由于地理位置接近，降低了交易成本，提高了交易效率，使得更多的企业愿意在此寻找合作伙伴。最后，集聚区还通过举办各类展览、论坛等活动，为企业搭建了展示和交流的平台，进一步拓宽了企业的视野，吸引了更多的潜在交易伙伴。

第四，文化创意产业集聚区能降低交易伙伴以及环境的不确定性。关于集聚区的不确定性，具体体现在以下几方面：①交易双方若想进行长期合作，就需要交易者之间建立深厚的信任，这是一个长期的积累过程。一旦双方形成默契，彼此信任，便可以形成长期稳定的交易关系。②集聚区可充当具有中介性质的角色，交易者可以通过集聚区来了解交易的对象的一些相关信息，以此降低交易中存在的不确定性。③集聚区内的道德约定、共同的价值观取向以及人们共同遵守的习俗，有助于交易者了解集聚区，从而判断是否进行交易。④品牌是集聚区对旗下的创意产业者的一种担保，交易者可以通过集聚区的品牌知名度来判断是否继续进行交易。

第五，文化创意产业集聚区能降低交易伙伴之间的信息不对称程度。由于文化创意产业在地理位置上具有集群性特点，相关的市场信息得以集中，使信息的供求达到平衡，从而降低了企业之间交易的成本①。具体体现在以下几个方面：①从某种意义上来说，集聚区是一个狭小的空间。在这个区域内，文化创意产业者、产品供应商、产品制造者以及销售者全都聚集在这一范围，这就使得彼此之间能够更快地了解到市场的最新资讯。②除了能够快速了解到最新的市场资讯，企业间还可以互相学习生产技术、销售方式等。③集聚区内社交方式多样，如正规聚会和私下个人聚会等，人们通过口头交流，同样能够获取很多有价值的信息。

第六，文化创意产业集聚区能减少交易者的专用性资产。具体体现在以下几个方面：①集聚区可以增加交易者的数量。交易者越多，他们就越倾向于在该集聚区内建设通用性资产，而非专用性资产。如此一来，交易者便可以高效运用自己的财产。②集聚区可以提供一些特殊服务，帮助交易者更好地管理并放心使用自己的通用性资产。③集聚区设有资产转让平台，让交易者可以方便快捷地管理资产，或者是收购、出卖一些资产。集聚区的交易方式可以有效降低交易者的交易成本，具有一定的经济优势，能够促进聚集区内的竞争与合作，可以说，竞争与创新是集聚区的优势，而节约交易成本是文化创意产业发展的有效途径。

---

① 张雪婷，李勇泉．文化创意产业集群发展分析及优化启示［J］．旅游发展研究，2018（3）：1-6.

第四节 文化创意产业集群的空间效应

一、文化创意产业集群空间效应的影响因素

（一）设施条件和政务环境影响

设施条件作为有利性的固有因素，对创意产业集群的空间集聚有一定的影响，会对创意阶层产生较大的吸引力。

政务环境主要由政府主导，政府通过一系列的规划指导和政策实施，助力产业集群快速稳健发展，为企业在发展与转型过程中提供相应的扶持，这直接影响创意产业集群空间的集聚。政务环境主要包括政府的规划引导、政策支持以及环境管理要求①。

（二）企业互动和区域网络影响

企业间的互动可以增强各个产业间的联系，细化企业的业务范围。企业间的分工与专业化、竞争、合作、互补以及信任，都可以增进各产业之间的相关性，使得各创意产业在发展理念和生产过程中都可以相互学习、相互借鉴。

区域网络资源对创意产业有着极大的吸引力。高校科研机构、专业化培训机构、行业协会、中介机构、柔性人才市场、创意人才、旅游资源以及地理环境等，都将成为集聚企业发展壮大的潜在资源，为创意产业未来的发展提供强劲的后续储备。

（三）创新系统和文化环境影响

在高速发展的现代化社会中，创新已成为产业发展不可或缺的部分。创

---

① 高长春，张贺，曲洪建. 创意产业集群空间集聚效应的影响要素分析 ［J］. 东华大学学报（自然科学版），2018，44（5）：821-828.

新态度、集体学习能力、知识溢出、创意氛围营造和产业转型，都将推动创意产业集群空间快速集聚，为各创意产业的形成及发展注入新的活力。

创意产业的发展需要良好的文化环境，这将为企业今后的发展奠定稳定的文化基础。开放与包容的环境、文化资源、集群品牌、文化归属认同以及工业遗产，都可以为企业品牌文化和创意产业的形成留下深厚的文化底蕴。

（四）消费需求影响

有需求才有市场，消费者旺盛的消费需求将极大地激发创意产业的快速集聚。这会使更多企业为了满足消费者的需求，不断融入创意产业集群，进而促进创意产业的聚集与发展。

二、文化创意产业集群空间效应分析

（一）文化创意产业集群空间效应——规模经济效应

文化创意产业在空间上的集中，可以带来规模经济。当相关企业集聚时，专业化分工以独特的方式带动上下游企业纵深化发展，促使价值链中相关环节扩张，进而产生金融、会计、保险、管理、咨询以及基础设施等方面的服务需求。这创造出巨大的商机，吸引更多横向延伸的企业入驻，产业规模随之扩大，使集聚区内企业达到最优经济规模水平，凸显其竞争优势。文化创意产业集群通过集中大量相关企业，形成了庞大的生产规模。这种规模化的生产模式使得集群内的企业能够共享基础设施、劳动力市场、销售渠道等资源，从而降低了单个企业的生产成本和运营成本。随着生产规模的扩大，企业能够实现更加精细化的分工和协作，提高生产效率和产品质量，进一步促进规模经济的形成。

文化创意产业集群内的企业通常存在紧密的产业链联系。这种联系促使企业形成相互依存的关系，共同推动产业链上下游协同发展。在规模经济的作用下，这种协同发展能够产生更大的经济效益和社会效益，推动整个产业集群快速增长。文化创意产业集群还具有高度的知识密集性和产业融合性特点。集群内的企业可以通过知识共享和技术交流，不断推动技术创新和产品创新，提高整个产业的创新能力和竞争力。这种创新能力的提升又能促进产业集群的规模化发展，进一步形成良性循环。

（二）文化创意产业集群空间效应——成本节约效应

由于地理上的邻近性，集群内文化创意企业之间交往频繁，协作关系较稳定，容易建立相互信任和相互依赖的合作关系。这有利于降低谈判成本，提高合同执行的效率，从而大大减少机会主义行为。空间距离的缩短，可以降低企业的运输成本和信息交换成本，为企业节约时间和资源，进而大幅度降低产品成本，凸显企业竞争优势。集群内拥有大量的市场信息和创意人才资源，企业可以在短时间内以较低的费用搜寻到必要的供求信息，找到适用的人力资源，大大降低了企业的搜寻成本和交易成本。随着专业化分工程度的加深，企业专注于某一生产环节的产品，还可以降低管理成本。

综上所述，文化创意产业集群通过地理邻近性、资源共享和协作关系的建立，实现了显著的成本节约效应。这种效应不仅提高了企业的竞争优势，还推动了整个集群的可持续发展。因此，在推进文化创意产业发展的过程中，应注重产业集群的培育和建设，从而充分发挥其空间效应中的成本节约优势。

（三）文化创意产业集群空间效应——创新连锁效应

文化创意产业属于知识与技术密集型产业，科技成果转化率高，产品更新快，具有极强的传导性和外溢性。当区域内某一文化创意产业在产品的生产技术、工艺和产品功能方面出现创新或升级时，往往会率先促使与之有密切关联的其他产业进行创新。这种创新会进一步扩散，形成持续创新效应。创新连锁效应主要体现在：一是持续创新性。集群内的企业在长期专注于价值链细节的过程中，更容易以差别化的形式开展创新活动，开发新产品和新工艺。加之同类企业因地理集聚所产生强大的竞争压力，会迫使企业持续开展创新活动，不断提高产品技术水平和经营管理水平。二是知识外溢性。在集群内，企业间彼此邻近且合作密切，企业的创新成果很容易外溢到其他企业，对同行企业产生良好的示范和激励作用，促进技术的转移和扩散。

（四）文化创意产业集群空间效应——区位品牌效应

文化创意产业集群依托丰富的文化资源和强大的创新动力创造出区位品牌价值，获得区域内一体化经济效益和群落信誉。世界上著名的创意产业聚集区都拥有这样的品牌效应，如好莱坞的电影、伦敦的歌剧、巴黎的时装、北京的古玩，都带有这种声誉效应。这种效应涵盖了区域地理特征和人文历史渊源，是集群内众多企业品牌的提炼和浓缩。相较于单个企业品牌，它更形象，更具广泛性、标志性和稳定性。集群内的企业通过区位品牌共享，能拥有更强劲的竞争优势。

当文化创意产业在某一特定区域形成集群时，它不但能促进产业内部的紧密合作与资源共享，还能逐步构建一个具有鲜明地域特色和广泛影响力的区位品牌。区位品牌是集群内众多企业经过长时间经营和共同努力形成的巨大无形资产。它不仅代表了一个地区在文化创意产业领域的专业性和独特性，还是集群内企业信誉、品质和创新能力的集中体现。相较于单个企业品牌，区位品牌具有更广泛、更持久的品牌效应，能够吸引更多的消费者、投资者和合作伙伴，为集群内的企业带来更多的市场机会和商业价值。

在文化创意产业集群中，区位品牌的形成是一个自然而然的过程。随着集群的不断发展壮大，其独特的地域文化、创新氛围和产业链优势逐渐显现，形成了独特的品牌形象和市场定位。这种品牌形象一旦形成，就会对集群内的企业产生强大的推动作用，促使它们更加注重品质、创新和服务，以维护整个集群的品牌声誉。同时，区位品牌也为集群内的企业带来了显著的竞争优势。在市场竞争中，拥有良好区位品牌的企业往往能够更容易地获得消费者的信任和认可，从而在价格、市场份额等方面占据有利地位。此外，区位品牌还能够吸引更多的投资和人才资源，为集群的持续发展提供有力支持。

（五）文化创意产业集群空间效应——竞合效应

集群内的企业是文化创意产业价值链上的链节点，它们在地理空间上的集中优势在于将文化创意产业价值链的各个环节有机地联系在一起，进而使价值链上下游的开发商、供应商、制造商与销售商之间形成一个相互合作、竞争、学习的整体。在一定的区域空间内，大量文化创意企业汇聚于此，必然会引发激烈的市场竞争。然而，这种企业竞争会产生一种激励机制。一方面，大量竞争对手的存在，迫使企业不断进行技术创新，提高产品和服务水平。另一方面，竞争对手的存在对扩大市场容量，增加产业的需求以及提高产业知名度等都具有积极意义。因此，竞争不仅提升了产业集聚区的竞争能力，还让企业之间的竞争在更高的层次上展开。竞争的结局往往是"共赢"或"多赢"。竞争与合作机制的存在，使产业区内的企业相较于那些分散在各地的企业，更具有竞争优势，也更易进入这一行业的前沿领域。

（六）文化创意产业集群空间效应——互补效应

文化创意产业在空间结构上紧密分布，使得企业之间、企业与大学（或科研机构）之间的分工协作关系更加密切，能最大限度地实现资源共享与优势互补。在文化创意产业集群中，不同企业往往专注于产业链的不同环节，各自拥有独特的专业技能和优势资源。地理上的邻近性使得这些企业能够便捷地进行交流与合作，从而实现资源的优化配置和能力的互补提升。例如，一家擅长内容创作的企业可以与擅长技术实现的企业紧密合作，共同开发出更具创新性和市场竞争力的文化产品。由于文化创意产业与网络、制造、营销等产业关联度较大，存在相互渗透的情况，特别是对数字化技术的依赖性日益增强，再加上客户和消费者的需求呈现扩散型和多元化特点，所以，文化创意产业必然要更多地使用宽带网络、数据库、信息资源、数字化的制作加工以及土地、水、电等各种公用设施和公共服务，同时还需要产业政策、税收政策、劳动就业政策等公共管理制度的支持。这种通过空间集聚来分享公共服务设施的方式，有助于获得政府和其他公关机构的投资及服务，即"集中经济"。这种"集中经济"能规避单个企业在资源利用上的低效问题，从而取得良好的协同效益。

第三章　国际文化创意产业
理论与发展研究

　　本章将深入探讨创意经济与创意产业的概念，分析钻石模型在创意产业集群竞争力方面所发挥的作用，剖析发达国家文化创意产业的现状并阐述其带来的启示。此外，本章还将总结全球文化创意产业在国际贸易中的整体格局，为读者理解文化创意产业在全球范围内的发展提供理论与实证支持。

第一节　创意经济与创意产业

一、创意经济概念解读

（一）创意经济的产生背景

　　创意经济诞生于 20 世纪末全球社会经济的深刻变革之中。知识经济的兴起和信息技术的迅猛发展，犹如一对强劲有力的翅膀，助力创意经济这一全新经济形态翱翔于新世纪的天际。

　　20 世纪 80 年代以后，随着第三次工业革命的到来，信息技术、生物技术和新材料技术等高新技术突飞猛进，改变了传统的生产方式和经济结构，知识和信息成为最重要的生产要素，孕育出知识经济这一全新的经济形态。在知识经济的框架下，创新能力和知识产权的商业化成为衡量一个国家和地区综合国力和竞争优势的关键指标。在这种大背景下，创意经济作为一种高度依赖于创新思维和文化资源的经济模式应运而生。

与此同时，全球化的进程加速了文化的交流与碰撞，人们的生活方式和消费需求发生了根本性转变，从单纯追求物质享受转向更多元化的精神层面追求，这为文化产业的蓬勃发展提供了肥沃土壤。艺术、设计、音乐、影视、出版等文化领域不再仅仅是纯粹的艺术表达，它们与市场经济深度融合，形成了庞大的文化产业集群，为经济注入了新的活力和增长点。

此外，随着工业化进程中一系列环境和社会问题的凸显，传统制造业面临着严峻的转型压力，寻找低碳、清洁、高效的绿色发展路径迫在眉睫。创意经济凭借其低能耗、高附加值的特性，成为推动产业结构调整和升级的重要推手。它倡导的是一种可持续的发展模式，既能创造经济效益，又能兼顾生态保护和人文关怀。

综上所述，创意经济是在知识经济时代，依托信息技术革命、全球化文化交流、文化产业兴盛以及可持续发展需求等多维度背景而形成的产物。它不只是一种经济现象，更是社会发展理念的体现，强调通过创新和文化的融合，实现经济、社会、环境的和谐共生。

（二）创意经济概念的发展

自创意经济的概念诞生以来，经历了从萌芽、成型到深化的丰富发展历程。在此期间，不仅学术界对其进行了深入探讨，政府机构和私营部门也积极参与其中，推动了该领域的实践和政策制定。以下是创意经济概念发展的一些关键阶段和特点：

1. 萌芽期：20 世纪末至 21 世纪初

创意经济的初步构想最早出现在 20 世纪 90 年代，当时一些经济学家开始注意到文化产业和创意活动对经济增长的特殊贡献。1998 年，英国政府率先发布了《英国创意产业路径文件》，这是世界上首个官方层面对创意产业进行全面定义和支持的政策文件，标志着创意经济概念正式进入公众视野。该文件将创意产业界定为一系列基于个人创造力、技能和才能的行业，如广告、建筑、艺术和文物交易、工艺品、设计、时尚、电影与录像、互动休闲软件、音乐、表演艺术、出版、软件和电脑游戏、电视和广播等。

2. 成型期：21 世纪初至中期

创意经济作为现代经济体系中的一个重要分支，其概念的正式提出可以追溯至 21 世纪初，由英国经济学家约翰·霍金斯（J. Howkins）在他的著作《创意经济》中首次系统阐述。霍金斯通过对全球范围内创意产业的深入研究，揭示了一种以个人创造力、技能和才华为核心资产的新型经济形态——创意经济。这种经济模式超越了传统的物质生产和交换范畴，将人类的创新思维和文化价值转化为实实在在的经济利益和社会福祉。约翰·霍金斯对创意经济的具体描述为：创意经济是指创意产品的生产、交换和使用体系。经济学主要研究无限的个人和社会需求与有限的资源之间的矛盾，其重点在于稀缺资源的分配。他采用观察交易的数量与价格的方法来计算创意经济的市场价值，并认为：在某些市场中，如音乐、时尚以及计算机代码市场，市场的核心是复制，而在艺术品市场中，通常实体作品或经验则更有价值。[①]

创意经济的核心主张是将人们的创意、创新和文化知识转化成商品和服务，进而驱动经济增长和社会进步。不同于以往的农业经济和工业经济，创意经济更侧重于非物质生产，强调知识、信息、艺术、设计等非物质资源的作用，以及这些资源在创造独特产品和体验过程中的不可替代性。霍金斯的观点引发了全球范围内对创意产业和创意城市发展战略的广泛关注和深入探讨，推动了许多国家和地区将其纳入发展计划和振兴策略中，从而在全球范

---

① ［英］约翰·霍金斯. 新创意经济 3.0：如何用想法点石生金［M］. 王瑞军，王立群，译. 北京：北京理工大学出版社，2018：12.

围内掀起了一场以创意为核心的经济和社会变革。

因此，创意经济不仅是一种经济学概念，更是一种深刻反映现代社会变迁、科技进步和文化多样性的综合性社会经济现象。它重新定义了我们对"价值创造"的理解和实践，开启了经济发展的新篇章。

进入 21 世纪后，创意经济的概念得到了进一步的丰富和发展。学者们开始从多学科角度对其进行深入剖析，如经济学、社会学、地理学、管理学等领域。根据美国区域经济发展学领域的知名学者，即《创意阶层的崛起》的作者理查德·佛罗里达（R. Florida）的定义，创意阶层是指工作中包含较多创造性成分的群体，如科学家、工程师、艺术家和娱乐业工作者，会计师、医生和律师这类传统的白领工作者也包括在内，因为他们的工作也需要创造性地运用一套复杂的符号体系。[①] 此外，约翰·豪金斯和斯特安·韦斯特莱克在其著作中详细讨论了无形资本如何成为现代经济的新引擎，强调了创意和知识产权在无形资本中的核心地位。

3. 深化期：21 世纪中期至今

随着全球化和技术革新的加速，创意经济的概念进入了深化发展阶段。此时的研究重点转向了创意经济的内在机理、发展模式及其对社会的影响。例如，人们开始关注创意经济如何促进包容性增长，以及如何平衡商业化与艺术自由、文化多样性之间的关系。同时，数字经济的兴起为创意经济注入了新的活力，互联网、人工智能、大数据等先进技术的应用极大地拓宽了创意的边界，催生了诸如在线教育、远程办公、电子竞技等新兴业态。

此外，越来越多的城市和国家将发展创意经济作为国家战略的重要组成部分，并设立专门的基金和项目，吸引创意人才，营造良好的创业环境，推动产业升级和区域转型。中国、韩国、新加坡等国家均推出了相应的政策措施，旨在打造具有国际竞争力的创意产业集群。

---

① 王鹤. 文化创意与品牌推广［M］. 北京：北京理工大学出版社，2022：166.

创意经济从最初的边缘概念逐步演变为全球范围内备受重视的经济模式，它不仅改变了人们对经济发展的认知，还深刻地影响了社会文化格局，成为21世纪最具活力和前景的增长点之一。未来，随着科技的不断进步和社会需求的变化，创意经济的内涵和外延还将继续拓展，为世界经济的可持续发展提供更多可能。

（三）创意经济的主要特征

创意经济作为一种新兴的经济形态，拥有鲜明的特征，这些特征不仅体现了其与传统经济模式的根本区别，而且预示了未来经济发展的一种重要方向。

第一，创意经济高度依赖创新和创造力。与传统经济依靠大量投入资源和劳动不同，创意经济的核心驱动力是个体和集体的创新思维及能力，包括新技术的研发、新产品的设计、新服务的提供以及新业态的探索。这种创新不仅仅是技术层面的，更重要的是思维方式和文化观念的创新，它通过不断激发人的想象力和创造力，开拓新的市场，创造更多机遇。

第二，创意经济具有强烈的个性化和定制化倾向。在创意经济中，消费者的需求更加多样化和差异化，追求独特性和个性化体验成为主流。企业和个人必须适应这一变化，提供符合特定人群兴趣和偏好的产品和服务，这要求整个生产过程更加灵活，响应更为迅速，同时也加大了市场的复杂性和竞争的激烈程度。

第三，创意经济强调文化和艺术的重要性。文化和艺术不仅是创意经济的内容来源，更是其灵魂所在。无论是音乐、绘画、文学还是其他形式的艺术作品，都是创意经济中不可或缺的一部分。它们赋予产品和服务以情感价值和文化意义，使得简单的商品转变为有故事讲述的对象，增强了品牌识别度和消费者忠诚度。

第四，创意经济是技术和文化的融合体。一方面，现代信息技术尤其是数字技术的发展，极大地扩展了创意的表达范围和传播途径，如数字媒体、网络平台等，为创意内容的制作和分享提供了无限可能性；另一方面，传统文化和地方特色也在创意经济中找到了新的生命力，通过现代化包装和创新演绎，古老的故事和工艺焕发出新时代的魅力。

第五，创意经济注重可持续性和社会责任。在快速发展的背后，创意经济同样关注环境保护、公平贸易、社区建设等问题，提倡绿色、健康、道德的商业实践，力求在创造经济价值的同时，不牺牲自然生态和社会福祉，实现长期稳定的发展。

总体而言，创意经济以其独特的创新机制、个性化服务、文化内涵、技术融合和社会责任，正在逐渐改变我们的生活和工作方式，引领着全球经济向更为多元化、人性化和可持续的方向前进。

二、创意经济与创意产业的关系解读

创意经济与创意产业之间存在着密不可分的联系，两者相互依存、互为表里，共同构成了当今全球经济版图中的一股强劲力量。要理解二者之间的关系，首先需认识到创意经济是一个宏观的经济理论和实践模式，而创意产业则是其实现的具体载体和表现形式之一。

创意经济的核心在于将创新思维和文化价值转化为经济产出，它涉及的领域广泛，包括但不限于艺术、设计、媒体、软件、游戏、时尚、广告等多个细分行业。这些行业中蕴含的创意和创新是创意经济的生命线，它们通过不断地推出新产品、新服务、新体验，刺激市场需求，带动经济增长。在此过程中，创意产业扮演了至关重要的角色，它们是创意经济的实际践行者和成果展示窗口。

创意产业是创意经济的微观构成部分，它聚焦于具体的经济活动和企业运营，涵盖了上述提到的各种文化创意相关的企业和职业群体。这些产业部门通过专业化分工合作，构建起一套完整的创意生产、流通和消费链条，实现了从创意构思到最终产品市场化全过程的无缝衔接。例如，电影业不仅创作出视觉听觉盛宴，还拉动了旅游、餐饮等相关行业的联动效应；软件和游戏开发则借助数字化手段，创造出虚拟世界的无限商机。

从这个意义上说，创意产业是创意经济的具象化体现，是后者理论框架落地生根的基础。没有创意产业的支持，创意经济就失去了实际操作的平台和抓手；反之，若缺乏创意经济的整体指导和激励，创意产业的发展也会受限，难以形成规模和持续的创新动力。因此，可以说创意经济是创意产业发展壮大的理论依据和战略导向，它为创意产业提供了广阔的发展空间和政策支持；而创意产业则是创意经济得以实现的具体行动方案，是检验其成效的第一现场。两者相辅相成，共同推动全球经济朝着更加创新、多元和可持续的方向前行。

第二节　钻石模型与创意产业集群竞争力

一、钻石模型概念解读

钻石模型是由哈佛商学院教授迈克尔·波特（M. Porter）在其 1990 年的著作《国家竞争优势》中提出的用于分析国家为何在某些行业中能够取得全球竞争优势的一种理论框架。然而，这一模型同样适用于分析区域乃至个别企业的竞争力。钻石模型的核心概念包含四个方面，即"四要素"，加上两个辅助性因素，共同构成国家或产业获得竞争优势的基础。"钻石模型"在提出初期就受到了行业内的大量关注，对多个行业都影响深远，一直被视为研究和讨论一个国家竞争力的有力工具。不过，在研究过程中缺少对跨国经济的考量，成为波特钻石模型分析问题时的一大缺陷。在此基础上，保罗·

克鲁格曼（P. Krugman）等又发展出多因素钻石模型和优化的双钻石模型①。本节将重点解读钻石模型这一概念。

（一）钻石模型的四个基本要素

1. 生产要素

生产要素指企业在生产和经营时所需的各种资源，可分为基本要素和高级要素两大类。基本要素为自然资源、地理位置、气候条件等，而高级要素则涉及人力资源素质、科研设施、教育水平、基础设施建设等方面。在高附加值产业的竞争中，高级要素发挥关键作用。

2. 需求状况

需求状况指的是国家或地区对某一类型产品或服务的需求情况。如果该国家或地区存在大量的高品质需求，就能催生出一批追求卓越品质和性能的企业，进而促进产业升级和技术进步。这样的需求状况能够激励企业不断提高自身竞争力，以便满足甚至引领消费者的期待。

3. 相关和支持性产业

相关和支持性产业是指在一个国家或地区内，与主导产业紧密相关的其他行业是否存在以及这些行业的竞争力水平。当一个行业内拥有众多高水平的相关和支持性产业时，便能够形成协同效应，促进技术和管理经验的交流共享，降低成本，加速创新过程，从而增强整体竞争力。

4. 企业战略、结构和同业竞争

企业自身的战略决策、组织结构、管理模式以及行业内竞争的激烈程度都是决定其能否成功的关键。健康的市场竞争可以激发企业创新，促使其不断改进产品质量、优化生产流程，同时也有助于淘汰落后产能，保证行业的活力和生产效率。

（二）钻石模型的两个辅助因素

在钻石模型中，除了四大核心要素之外，还有两个重要的辅助因素，即

---

① 王文信. 中国苜蓿产业发展研究［M］. 北京：中国农业大学出版社，2020：54.

"政府"和"机遇"。这两者虽不是影响产业竞争力的直接因素，却在很大程度上塑造了产业成长的外部环境，对产业的兴衰起着至关重要的作用。

首先，"政府"作为公共事务的管理者，其政策导向、制度安排、法律法规的制定以及实施，深刻影响着产业发展的方向与速度。积极的产业政策可以为新兴或重点产业提供必要的扶持，如财税优惠、研发投入补助、人才引进计划等，这些都是产业成长初期不可或缺的生命线。同时，健全的法治环境和公平的市场规则，能够保障企业的合法权益，鼓励正当竞争，并抑制垄断行为，为产业营造一个健康有序的发展空间。此外，政府还可以通过基础设施建设、公共服务供给等手段，间接提升生产要素的质量和可用性，进一步夯实产业竞争力的物质基础。

其次，"机遇"虽然带有一定的不确定性，但它往往是产业突破瓶颈、实现跨越发展的催化剂。"机遇"既包括科技创新带来的新工具、新材料、新能源的应用，也可能源自宏观经济周期的波动、国际贸易环境的变迁，甚至是突发的公共卫生事件、自然灾害后的重建需求。敏锐捕捉并充分利用这些机遇，能够帮助企业发现新的市场蓝海，或是加速传统产业升级转型的步伐。当然，机遇总是与风险相伴而生，这就要求企业必须具备前瞻性的洞察力和应变能力，才能在瞬息万变的环境中稳住阵脚，乘势而上。

综上所述，政府与机遇这两个辅助因素在钻石模型中占据着举足轻重的地位。它们如同无形之手，调控着产业发展的节奏，为产业竞争力的提升铺设道路。政府应当扮演好"守夜人"和"助推器"的双重角色，既要维护市场秩序，也要适时给予产业适度的干预与扶持。而对于机遇的把握，则考验着企业领导层的战略眼光和执行魄力。唯有审时度势、果敢行动，方能在复杂多变的市场环境中立于不败之地。在政府的正确引导和企业主动出击的双轮驱动下，产业便能更好地利用内外部资源，克服困难，实现长远稳健的增长。

二、产业集群竞争力与钻石模型的关系

产业集群的竞争力与钻石模型之间存在着紧密的内在联系。钻石模型作为一种分析框架，被广泛应用于解释为何某些国家或区域能够在特定产业领域取得并维持竞争优势。我们将这个模型应用到产业集群的情境中，就可以看到它如何精准地描述和指导产业集群竞争力的构建与增强。

（一）基于生产要素视角分析产业集群竞争力

在产业集群中，生产要素通常呈现高度集聚的现象。这不仅包括自然资源和基础设施这样的初级生产要素，还包括人力资本、技术创新能力和专业化的供应商网络等高级生产要素。集群内的企业通过共享这些资源，降低获取成本，促进知识和技术的快速传播，进而提高整个集群的创新能力和生产效率。

（二）基于需求状况视角分析产业集群竞争力

本地市场的成熟度和消费者需求的多样性，对产业集群的演化起着至关重要的作用。高要求和多样化的本地需求会激发企业进行产品和服务的创新，以满足更为精细化的市场需求。这种"挑剔"的需求迫使企业不断提高产品质量和性能，最终使得集群内的产品在国际市场中展现出更强的竞争力。

（三）基于相关和支持性产业视角分析产业集群竞争力

产业集群的一大特点是行业内企业和上下游产业链的高度集成。这种集成不仅促进了信息交流和资源共享，还能产生正反馈效应，即某一环节的进步将带动整个产业链水平的提升。例如，一个强大的零部件供应商网络能够为制造业集群提供高效、低成本的原材料供应，从而增强集群整体的市场竞争力。

（四）基于企业战略、结构和同业竞争视角分析产业集群竞争力

集群内的企业间存在着激烈的竞争，同时也可能基于互补优势建立合作关系。这种"竞合"模式激励企业不断优化自身策略，提升管理和技术水

平，以适应日益变化的市场需求。健康的竞争环境还能够吸引外部投资，引入新技术和管理理念，促进集群的持续进化。

（五）基于政府政策与机会视角分析产业集群竞争力

政府政策对产业集群的发展起到至关重要的支持作用。合理的产业政策、基础设施建设投入、教育与培训项目、科研资助等都能够创造有利于产业集群成长的外部环境。此外，抓住全球化的机遇，如参与自由贸易协定、开拓海外市场等，也是提升产业集群国际竞争力的关键途径。

综上所述，钻石模型为理解产业集群如何形成和发展，以及如何在全球竞争中脱颖而出提供了深刻的洞见。通过对上述五个方面的系统考量，政府、企业和相关利益方能够制定有效的策略，推动产业集群向着更高层次的竞争力方向迈进。

三、钻石模型视角下的创意产业集群竞争力分析

从钻石模型的角度审视创意产业集群的竞争力，我们需深入探讨该模型所提出的四大关键要素和两个辅助因子在创意产业集群中的具体表现，以及它们对竞争力产生的影响。

（一）生产要素视角下的创意产业集群竞争力分析

从生产要素的视角出发，探究创意产业集群的竞争力，意味着要深入剖析那些构成创意产出基础的物质与非物质资源。生产要素在钻石模型中扮演着基石的角色，直接决定了产业集群能否有效启动创新引擎，实现可持续增长。尤其是在创意产业的语境下，生产要素不再局限于传统意义上的土地、劳动和资本，而是扩展到了更为宽泛的知识资本、人才储备、技术支持和文化氛围等方面。

首先，人才作为创意产业集群中最活跃、最具决定性的生产要素之一，承载着创新的灵魂。创意产业高度依赖个体的创造性思维和艺术才华，这意味着人才的质量直接影响到创意产品的独特性和市场竞争力。一个成熟的创

意产业集群必然汇聚了多领域的专家和跨界人才，他们不仅擅长各自的专业领域，更能够在团队中碰撞出新的火花，催生出令人耳目一新的创意方案。此外，集群内应设有完善的人才培养体系，包括高等教育机构的艺术和设计课程、行业培训中心的工作坊，甚至是非正式的学习社区，以持续供给新鲜血液，保证人才梯队的稳定更新。

其次，技术装备和信息化水平是现代创意产业集群不可或缺的生产要素。随着数字时代的到来，创意产业越来越倚重于先进的硬件设备和软件工具，如高清摄像机、虚拟现实（VR）和增强现实（AR）装置、人工智能（AI）算法、大数据分析平台等。这些技术手段不仅提升了创意生产的效率和精度，还开辟了全新的创意表达方式，让艺术家和设计师得以突破传统媒介的限制，探索更具沉浸感和互动性的用户体验。与此同时，信息技术的应用还促进了创意资源的整合与共享，降低了创意企业进入市场的门槛，加快了创新成果向实际应用转化的速度。

再次，知识资本在创意产业集群中占据了举足轻重的地位。这里的知识资本既包含了显性知识，如专利、商标、著作权等知识产权，也涵盖了隐性知识，如行业经验、创作技巧、审美趋势等难以编码但同样宝贵的信息。一个成熟的创意产业集群应当建立一套完善的知识产权管理体系，既能保护创新者的权益不受侵犯，又能促进知识的有效流转与再利用，形成良性循环的创新生态系统。同时，集群内部的交流平台和社群组织，如定期举办的创意论坛、工作营、展览展示等，为不同背景的参与者提供了思想碰撞的空间，加速了隐性知识的社会化过程，增强了集群整体的知识创造和吸收能力。

最后，文化资源作为生产要素的一种特殊形态，在创意产业集群的竞争力分析中不容小觑。每个地区的历史传承、民族特色、生活方式等都孕育了独特的文化基因，成为创意灵感的富矿。善于发掘和融合本土文化元素的创意产品，往往能引发共鸣，赢得广泛的认同感。因此，一个成功的创意产业集群必定尊重和弘扬地方文化，将其视为宝贵的无形财富加以开发利用。这不仅有助于提升创意作品的深度和内涵，还能促进文化的活态传承，增进公众对本土文化和身份的认同与自豪感。

（二）需求条件视角下的创意产业集群竞争力分析

从需求条件的视角切入，分析创意产业集群的竞争力，意味着要深入探索市场对创意产品和服务的要求与期望，以及这些条件如何影响产业集群的成长轨迹和竞争优势。需求条件是驱动产业发展的关键动力之一。尤其是对于创意产业而言，消费者的需求特性往往更加多样化和个性化，这不仅对创意产业集群提出了更高的要求，还为其提供了广阔的市场潜力和创新空间。

首先，高水平和前瞻性的本地需求是创意产业集群竞争力的核心驱动力。在创意产业中，消费者所追求的不仅是功能性的满足，更是情感上的连接、审美的享受和个人价值观的表达。因此，创意产品和服务必须触及人心，引发共鸣。一个成熟的创意产业集群应该拥有足够"挑剔"的消费者群，他们对品质有着近乎苛刻的标准，对新兴潮流保持着敏锐的洞察力，对原创性和差异化的诉求永不餍足。这种高标准的需求压力，迫使创意企业不断创新，追求卓越，从而在竞争中脱颖而出，形成独特的市场定位。

其次，多元化和分层化的市场需求促进了创意产业集群内部的丰富性和多样性。不同于标准化商品的大规模制造逻辑，创意产业强调个性化生产和定制服务，这就要求产业集群能够灵活响应不同细分市场的需求。无论是高端艺术品、独立电影、手工艺品还是流行文化衍生品，每个细分领域都需要专门的创意人才和配套服务来支撑。因此，一个强大的创意产业集群应该能够容纳各种类型的创意企业和项目，形成多层次、多维度的市场格局，满足从精英阶层到大众市场的全方位需求。

再次，全球化的市场视野拓展了创意产业集群的竞争边界。随着数字技术的普及和全球互联程度的加深，创意产业的市场范围已经远远超出了地域限制。创意产品和服务可以通过线上平台迅速送达世界各地的消费者，而国际市场的反馈和趋势也将反哺本地的创新方向。因此，具有全球视野的创意产业集群能够捕捉到海外市场的最新动向，借鉴他国的成功案例，同时还能将本土的创意成果推向更广阔的舞台，增强其国际竞争力。

最后，需求引导的创新是提升创意产业集群竞争力的关键策略。为了迎合不断变化的市场需求，创意企业必须持续进行产品迭代和服务升级，而这背后是对市场趋势的准确把握和对消费者心理的深刻洞察。一个成功的创意产业集群应该建立起灵敏的市场反应机制，包括定期的市场调研、消费者行为分析、趋势预测报告等，以此为基础制定创新路线图，并确保研发资源的有效配置。同时，集群内的知识分享和合作创新机制也非常重要，可以促进最佳实践的传播和跨学科灵感的碰撞，进一步加速创新进程。

（三）相关性和支持性产业视角下的创意产业集群竞争力分析

相关性和支持性产业的存在状况、质量以及数量，极大地影响着创意产业集群的整体效能和市场竞争力。这些产业既是创意产品和服务产生的土壤，也是创意转化为商业成功的重要桥梁。

首先，相关和支持性产业为创意产业集群提供了必要的基础设施和专业服务。这包括但不限于技术提供商、分销渠道、市场营销机构、版权管理和法律顾问、财务顾问、教育培训和研究机构，等等。这些产业不仅为创意企业的日常运营提供便利，还通过专业化分工提高了整个链条的效率。例如，专业的版权管理和法律顾问可以帮助创意企业维护其知识产权，避免盗版和侵权问题，保障创新者的经济收益。技术提供商和分销渠道则确保创意产品能够顺利到达终端消费者，最大化其市场价值。

其次，相关和支持性产业之间的协同效应促进了创意的交叉融合和创新发展。在创意产业集群中，不同领域的专业人员和机构频繁互动，形成了一个密集的创新网络。这种网络不仅促进了知识的流动和信息的共享，还有助于打破行业界限，激发跨界合作的机会。例如，数字技术的广泛应用使传统艺术形式与现代科技相融合，产生了如虚拟现实艺术展、互动多媒体表演等新型体验式创意产品。这类创新往往来源于相关和支持性产业之间的碰撞和融合，体现了创意产业集群独有的复合型创新能力。

再次，相关和支持性产业的发展水平反映了创意产业集群的成熟度和国际竞争力。一个成熟且发达的支持性产业体系意味着创意企业在面对国内外市场竞争时，能够获得全面且高效的后援服务。例如，强大的数字营销和电子商务平台，能够帮助创意产品快速覆盖全球市场，提升其国际知名度和销售量。同时，高水准的研究教育机构能够源源不断输出创意人才，为产业集群注入新鲜血液，保持其创新活力。这些都是衡量创意产业集群是否具有强大竞争力的重要指标。

最后，政府政策和公共投资在构建和完善相关和支持性产业方面起着关键作用。政府可以通过设立专项资金、税收减免、补贴奖励等方式，鼓励和支持产业的发展，特别是在初期阶段。同时，制定有利于知识产权保护、市场准入和国际贸易的法律法规，可以为创意产业集群营造一个公平、透明、稳定的经营环境。此外，公共部门还可以通过主办创意节庆、艺术展览、国际论坛等活动，搭建创意企业与支持性产业之间的交流平台，促进双方的合作对接和资源共享。

（四）企业战略、结构与竞争对手视角下的创意产业集群竞争力分析

从钻石模型的企业战略、结构与竞争对手角度审视创意产业集群的竞争力，我们发现这是一个动态交织的过程。在这个过程中，企业不仅需要精心规划自身的发展路径，还要巧妙地处理与竞争对手的关系，同时构建有利于创意生长的独特组织结构。基于这一视角的分析，揭示了创意产业集群内在的复杂性与活力。

首先，企业战略在创意产业集群中扮演着至关重要的角色。创意企业往往通过差异化战略寻找自己的市场定位，这意味着它们致力于开发独一无二的产品或服务，以满足特定群体未被充分挖掘的需求。这种战略要求企业持续不断地投入创新，无论是技术革新、艺术风格的探索，还是商业模式的试验，都是为了在激烈的市场竞争中确立不可替代的优势。同时，品牌建设也

被赋予前所未有的重要性，因为一个鲜明的品牌形象不仅能吸引消费者的注意力，还能传递企业的价值观和理念，形成忠诚的顾客基础。

其次，组织结构的灵活性与敏捷性成为创意产业集群内企业的标配。与传统制造业相比，创意产业更注重个人创造力的发挥和团队之间的协同创新，因此，扁平化管理、跨职能小组和网络化协作成为常见模式。这样的结构设计旨在减少层级障碍，促进信息与想法的自由流通，使员工能够在宽松的环境中自由表达，无惧失败地尝试新事物。更重要的是，它为企业提供了快速应对市场变化和消费者偏好演进的能力，这是在保持竞争力中不可或缺的一环。

再次，竞争对手的存在并非仅仅意味着威胁，它们同时也是推动创意产业集群向前发展的动力源泉。在一个健康的竞争环境中，企业会被迫持续改进，提高质量，降低成本，或者寻找新的市场机会。竞争对手的新产品发布可能会激发一轮创新竞赛，而市场占有率的争夺则可能促使企业探索多样化的销售渠道和营销策略。此外，同行之间的合作也不容忽视，尤其是在共同开拓海外市场、对抗外来竞争或是解决行业共性问题时，集群内的企业常常能够携手前行，实现共赢的局面。

最后，值得注意的是，企业战略、结构与竞争对手关系并非孤立存在，它们相互影响，共同塑造了一个创意产业集群的竞争力面貌。企业战略的选择受到现有组织结构的制约，同时也需要考虑到竞争对手的行动和市场环境的变化；而竞争对手的动态又反过来影响企业战略的调整和组织结构的演化。在这种复杂的互动中，那些能够灵活调整自我，抓住时机，勇于创新的企业，最有可能在创意产业集群中脱颖而出，引领行业风潮。

（五）辅助因子视角下的创意产业集群竞争力分析

辅助因子，即政府政策与宏观机遇，是钻石模型中的一个重要组成部分。它们虽不直接作用于产业本身，却对创意产业集群的崛起与竞争力有着深远的影响。从政府角度来看，其提供的政策扶持、资金资助、法律保护及人才培养计划，构成了创意产业发展必不可少的基础。而宏观机遇则是指外部环境带来的有利条件，包括技术创新浪潮、消费升级趋势、全球化进程中的文化交流等，它们为创意产业集群提供了广阔的增长空间和无限的可能性。

政府在创意产业集群发展中扮演着至关重要的角色。积极的政策环境能够激励创新，降低创业风险，吸引更多的人才和资本投入创意产业。例如，通过提供财政补贴、税收优惠，政府可以直接减轻初创企业的负担，使其有更多资源专注于产品研发和市场推广。同时，相关部门建立健全的知识产权保护体系，不仅能有效防止创意被非法复制，还能激发创作者的热情，保障创意成果的价值得到应有的回报。此外，政府投资于教育和培训，特别是创意技能的培养，能够源源不断地输送高质量人才，为产业集群的持续创新奠定坚实的人力资源基础。

宏观机遇则是创意产业集群成长的催化剂。一方面，在全球化的背景下，新技术的爆发式增长，如互联网、人工智能、虚拟现实等，为创意内容的制作、分发和消费带来了革命性的变革。这些技术不仅拓宽了创意表现的形式和载体，还打破了地理界限，使得创意产品能够轻松跨越国界，触及全球受众。另一方面，消费者日益增长的文化消费需求，特别是对个性化、高品质体验的追求，为创意产业创造了庞大的潜在市场。随着社会经济发展水平的提高，人们开始更加重视精神生活的充实，愿意为独创性和情感价值付费，这无疑给创意产业集群带来了前所未有的发展机遇。

然而，机遇总是会伴随着挑战。在全球化进程中，创意产业集群面临的竞争也越发激烈，来自世界各地的优秀创意不断涌现，要想在国际市场占有一席之地，就必须具备更强的创新能力和更快的市场反应速度。此外，技术进步虽然提供了更多的可能性，但也加剧了行业内的淘汰率，那些无法跟上技术脚步或未能找到自己独特定位的企业很容易被淘汰出局。因此，创意产业集群必须时刻关注外部环境的变化，充分利用政府的政策支持，不断提升自身的软实力，才能在这场没有硝烟的战场上立于不败之地。

第三节　发达国家文化创意产业发展现状及启示

一、发达国家文化创意产业发展现状

从整体来看，发达国家的文化创意产业在规模、结构、创新、国际竞争力等方面表现突出，但在可持续发展、社会责任、教育与人才培养等方面也面临着诸多挑战。

（一）高度专业化和细分化

文化创意产业通常被细分为多个领域，如电影、音乐、时尚、设计、图书出版、游戏、艺术展览等，每个领域都有专门的机构和市场。

发达国家文化创意产业高度专业化和细分化的一个典型例子是美国。美国的创意产业在多个领域中都有着卓越的表现，并且形成了一个完整的产业链。

电影产业在适应了美国经济飞速发展的需要后，进一步被纳入经济机制，成为大众谋取利润的一种途径。资本的雄厚、影片产量的增多，进一步保证了美国电影市场在全球市场的倾销。很快，这里便成为全球时尚的发源地、全球音乐电影产业的中心，拥有世界顶级的娱乐产业，引领并代表着全球影视业的最高水平。好莱坞成为众人心之向往的地方，而"好莱坞"也成了美国电影、美国梦想的代名词①。好莱坞作为世界上最大的电影制作中心，每年制作和发行大量的电影，涵盖了从动作片到独立电影等多种类型。好莱坞的成功在于其强大的制片能力、先进的特效技术以及全球化的营销网络。

---

① 焦素娥．影视文化前沿［M］．北京：中国国际广播出版社，2023：298.

美国的音乐产业同样发达，从流行音乐到乡村音乐，再到摇滚乐，美国音乐家们在全球范围内享有广泛的影响力。此外，音乐节和音乐会也是美国文化的一部分，吸引了众多粉丝和艺术家的参与。

美国的设计行业涵盖了工业设计、室内设计、平面设计等多个分支，许多设计作品因其创新和实用性而受到国内外的认可。美国的时尚设计业以其独特的风格和创新能力闻名于世，从高端品牌到快时尚零售商，美国设计师们引领着全球时尚潮流。

美国的高等教育体系为文化创意产业提供了大量的人才支持，包括艺术学院、设计学院等，培养了大量专业人才。美国对文化创意产业的市场准入制定了一定的标准和法规，旨在保护本土创意产业的发展，同时也促进国际公平竞争格局的形成。

（二）重视知识产权保护

发达国家对知识产权的保护和创新环境的重视，是其文化创意产业能够蓬勃发展的重要因素之一。知识产权保护不仅保护了创意产业的经济利益，也鼓励了创作者的积极性和创新精神。

首先，知识产权保护为创意产业提供了法律保障。在许多国家，包括美国和欧洲国家，知识产权法被视为保护创意产业的核心法律。这些法律规定了创作者对其原创作品享有的权利，如版权、专利权和商标权等。一旦创意产业成员的知识产权受到侵犯，他们可以通过法律途径来维护自己的权益，这在一定程度上保护了创作者的利益。

其次，知识产权保护为创意产业创造了良好的创新环境。当创作者知道他们的作品将受到法律的保护时，他们更愿意去尝试新的想法和方法。此外，知识产权的保护也激励了创作者去追求更高的创新水平，因为只有那些真正具有原创性和创新性的作品才能获得法律的保护。

再次，知识产权保护也促进了创意产业的国际交流与合作。在一个知识产权得到充分保护的国家，创作者和企业可以更有信心地与国外的合作伙伴进行商业交易和技术转让。这不仅有助于创意产业在全球范围内的发展，也有助于推动全球文化的交流和融合。

最后，知识产权保护对创意产业的长期发展至关重要。虽然短期来看，知识产权保护可能会增加创作者的成本，但从长远来看，它有助于培养一个健康的创意产业生态系统，吸引更多的投资和人才。稳定的创新环境和良好的知识产权保护，可以为创意产业提供持久的竞争力和吸引力。

举例来说，美国的知识产权保护体系被认为是全球最为完善的体系之一。美国专利商标局和美国版权局的高效运作，为美国的创意产业提供了强大的支持。美国的法律制度鼓励创新，保护原创作品，这不仅吸引了大量的外国投资者和人才，也使得美国成为全球创意产业的重要基地。

由于文化创意产业具有投入高、复制成本低的特点，倘若知识产权保障不足，原创人员在创作过程中所做的大量智力和资金的投入便会付诸东流，势必会影响文化创意产业的持续发展[1]。因而，对文化创意产业的知识产权保护势在必行。

（三）市场规模大、产值高

发达国家的文化创意产业市场规模庞大，包括音乐、电影、电视、出版、广告、设计、游戏等多个子行业。在美国文化产业年产值约占其 GDP 的 25%，并且文化产品的出口量已超过航空航天产业，成为其第一大贸易出口产品；在日本，文化产业年产值约占其 GDP 的 20%，其娱乐业产值仅次于汽车产业，同时它还是全球最大的动漫制作国和输出国；在韩国，文化产业年产值占其 GDP 的 15%以上，已成功跻身世界文化产品出口大国和文化创意产业强国[2]。

发达国家文化创意产业的就业人口众多，为国家提供了大量的就业机会。

---

① 张乃英，巢莹莹，钱伟．文化创意产业管理与实务 ［M］．上海：同济大学出版社，2020：202.

② 韩丽雯．文化产业空心化与国家文化安全 ［M］．北京：北京交通大学出版社，2021：38.

文化创意产业的就业增长率通常高于其他行业，尤其是在数字媒体和互联网技术领域，新职位的产生速度更快。由于文化创意产业的创新性和多样性，就业机会相对稳定，不易受到经济波动的影响。即使在经济衰退时期，文化创意产业的就业机会仍然存在。文化创意产业工作往往具有较高的灵活性，很多职位允许远程工作或是以自由职业身份参与，这为求职者提供了更多的就业选择。

发达国家的文化创意产业在国际市场上具有很强的竞争力。它们不仅拥有庞大的国内市场，还通过跨国公司和国际版权贸易等方式，向全球输出文化产品和服务。例如，发达国家的文化创意产业拥有众多国际知名的创意品牌和内容，如好莱坞电影、迪士尼动画、漫威超级英雄系列、环球音乐集团等，这些品牌和内容在全球范围内享有较高的知名度。

发达国家的文化创意产业在国际市场上具有较强的竞争力，与世界各国开展了广泛的贸易与合作。同时，一些国际性创意节庆活动，如戛纳电影节、维也纳音乐会等，也成为展示各国文化特色和创意产业的重要平台。

二、发达国家文化创意产业发展启示

（一）重视顶层设计

从文化创意产业的视角出发，观察英国与法国在顶层设计方面所做的努力，我们可以看到这两个国家均展现出了高度的战略眼光和系统规划能力，为各自的文化创意产业奠定了坚实的基础。下面具体分析两国在顶层设计上的亮点及可供借鉴的地方。

英国政府认识到文化创意产业对经济和社会有着双重贡献，因此将其提升到国家战略高度，制定了一系列具有前瞻性的规划与政策措施。从20世纪90年代末开始，英国政府就开始实施"创意产业政策"，确立了创意产业作为经济增长新引擎的地位。随后，在出台的一系列文件中详细阐述了创意产业的概念范畴，评估了产业规模与潜力，明确了发展方向与策略重点。这些政策文件不仅强化了政府各部门间的协调合作，还为私营部门的投资决策提供了明确的方向指引。英国政府还特别重视文化创意产业的国际化布局，通过设立"创意英格兰"等机构，积极推动本土创意企业走向世界舞台，提升国际知名度与市场份额。此外，英国政府还大力投资创意教育与人才培养，建立了一套完整的教育与培训体系，旨在为创意产业输送源源不断的高质量人才。

法国在文化创意产业的顶层设计上，则更侧重于维护文化主权与促进产业创新的平衡。法国政府坚信，保护本土文化与语言的独特性对于维持国家身份与文化自信至关重要，因此在欧盟内部极力倡导"文化例外"原则。"文化例外"原则是为了保护本国文化不受其他文化侵袭和损害而制定的一种政策，主要指单独将文化产品和服务类的贸易列出，以区别于一般产品贸易。广义上的文化产业本身带有特殊性，隐含本民族和国家的价值观和认同基础①。这一立场得到了广泛的社会认同与政治支持，成为法国文化创意产业顶层规划的重要指导思想。与此同时，法国政府也致力于推动文化产业的现代化与国际化进程。一方面，通过设立高等教育机构，加强创意与科技的交叉融合，提升产业的技术含量与附加值；另一方面，法国政府以巴黎等城市作为国际文化交流的窗口，吸引全球范围内的创意资源，并举办如戛纳电影节、巴黎时装周等活动。这些活动不仅展示了法国的文化软实力，也促进了创意产业的国际交流与合作。

英国和法国在文化创意产业顶层设计上的成功实践，为其他国家提供了宝贵的启示。

首先，明确国家战略定位。将文化创意产业纳入国家发展战略，明确其在经济发展、社会进步与国际竞争中的角色，为其长期稳定发展奠定坚实的政策基础。

其次，构建多维政策框架。从财税激励、教育培养、市场监管、国际推

---

① 夏林华. 外商投资深圳文化产业的法律环境问题研究［M］. 北京：中国财富出版社，2023：62.

广等多个维度发力，形成全方位的政策支持体系，确保文化创意产业能够在良好环境中茁壮成长。

再次，强化跨界协同创新。鼓励文化艺术与科学技术深度融合，推动创意产业向高精尖方向转型升级，提升产业的核心竞争力与国际影响力。

最后，坚守文化主权与多样性。在推进文化创意产业现代化与全球化的过程中，不忘保护与弘扬本民族的文化遗产以及语言特色，保持文化的独立性与多样性。

（二）优化外部环境

从文化创意产业的角度看，美国、日本在优化外部环境方面展现出了卓越的能力，其做法和成效值得全球同行借鉴。美国的文化创意产业之所以能蓬勃发展，很大程度上得益于政府、市场和社会三方面共同努力营造出的良好生态环境。

美国有着严格且成熟的版权法规，这不仅保护了创作者的权益，还激发了创作者的原创性和创新精神。版权法不仅保护了作者的权利，还为后续的作品改编和衍生品开发制定了清晰的规则，促进了产业价值链的延伸。

另外，日本也非常重视版权保护，建立了严密的反盗版法律体系和监管机制。这一举措有效地打击了侵权行为，保护了创作者的合法权益，同时也维护了市场的正常运作。日本政府和业界联手推动动漫、游戏等特色产业的发展，通过设立专项基金、提供技术指导、组织国际交流等形式，助力这些领域成长为日本文化输出的主力。日本创造性地发展了IP（知识产权）运营模式，通过漫画、动画、小说、游戏等多重媒介联动，构建了立体的IP生态系统，实现了内容价值的最大化。近年来，日本确立文化立国的总体目标，倾向于对内弱化知识产权垄断，加快科技成果转移转化，引导和支持高校、科研机构整合国际先进技术资源，加快知识产权成果商业化进程[①]。

---

① 汤正午，王春明，宇岩，等. 日本知识产权战略促进科技创新分析及其启示［J］. 科技管理研究，2023，43（19）：165-172.

美国通过执行《谢尔曼反托拉斯法案》等法律，确保市场公平竞争，防止大型企业滥用市场支配地位，为中小企业和初创公司留出了发展空间。美国政府通过多种渠道提供资金支持，包括直接拨款、贷款担保和税收优惠，帮助文化创意企业尤其是小型和初创企业克服初期的资金瓶颈。美国拥有世界一流的高等教育体系，如纽约大学的帝势艺术学院、南加州大学的电影艺术学院等，为行业不断输送高水平的创意人才和专业技术人才。美国社会具有多元化特点，接纳来自世界各地的文化和艺术形式。这种文化交融促进了创意的碰撞与创新，丰富了文化创意产业的内容和表达形式。

多元化的内容传播渠道和商业模式创新是激活市场生态的关键。在内容传播渠道上，日本率先打破了电视、影院等传统媒介的局限，积极探索互联网、手机、社交媒体等新兴平台的可能性。例如，许多热门动漫作品不再仅仅依赖电视台播出，而是同步上线至各大视频网站，甚至是专门为移动端定制短篇内容，以适应现代观众碎片化的时间安排和个性化的观赏偏好。这种多渠道发布的方式不仅增加了作品曝光率，还促进了粉丝社群的形成与发展，增强了受众黏性。更重要的是，日本在商业模式上的大胆革新，彻底重塑了创意产业的价值链。传统的售卖光盘、周边商品的盈利模式逐渐被多样化收入来源所取代。IP授权、付费订阅、广告分成、众筹、虚拟商品销售等新型商业模式层出不穷，为创作者和投资者开拓了更为广阔的收益渠道。特别是在游戏产业，免费下载+内置购买模式的成功应用，让游戏开发商能够持续从用户那里获得收入，而不必依赖于一次性销售收入。这极大地延长了产品的生命周期，同时也推动开发者不断创新，以此吸引并留住玩家。不仅如此，日本的创意产业还巧妙地运用了"粉丝经济"的力量，通过精心策划的线下活动、明星见面会、限量版商品预售等活动，加深了消费者的情感联系，将其转化为强大的购买力。这种情感纽带往往比单纯的产品质量更能影响消费者的忠诚度和复购意愿，从而为市场注入了持久的生命力。

美国和日本在优化外部环境方面的成功实践，为全球文化创意产业提供了以下几条重要启示：首先，健全的法律体系是保护创作者权益和规范市场竞争秩序的基础，是文化创意产业健康发展的前提。政府应当扮演好扶持者的角色，通过资金援助、税收优惠等手段，为文化创意企业提供必要的生存和发展空间。其次，资本市场与教育体系的成熟和完善，是文化创意产业持续创新和人才辈出的两大支柱。再次，开放包容的社会文化环境有利于促进创意的自由流动和多元文化的融合，为文化创意产业带来无限生机。最后，国际化的视野与合作能够帮助文化创意产业突破地域限制，扩大全球影响力。

第四节　全球文化创意产业国际贸易整体格局

一、欧美主导同时亚洲崛起

全球文化创意产业的国际贸易图景宛如一幅东西方交汇的宏大画卷。在这幅画卷中，欧美地区的长久引领与亚洲势力的迅猛崛起，构成了一道独特而又充满活力的风景线。长期以来，欧美，尤其是美国和西欧诸国，以其深厚的产业积淀、丰富的创意资源以及先进的市场机制，在全球文化创意产业链中占据了无可撼动的核心地位。美国的好莱坞不仅是全球电影产业的心脏地带，其音乐、出版、电子游戏等行业同样散发着耀眼光芒，构筑了一座又一座文化输出的丰碑。欧洲则凭借其悠久的历史文化底蕴，孕育了众多世界级的艺术大师与设计先锋。无论是伦敦的戏剧、柏林的当代艺术，还是巴黎的时尚，无不彰显着这片土地无尽的魅力与创新力。

然而，近几十年来，一股源自东方的力量正在悄然改变这一格局——亚洲文化创意产业的崛起。东亚三国——中国、日本和韩国，犹如三颗璀璨明珠，照亮了全球文化创意产业的东方天际。中国凭借着庞大的国内市场、丰富的文化内涵与日益增强的国际影响力，不仅在电影业取得了长足进步，还在数字娱乐、网络游戏等领域展现出了强劲的增长势头。日本，作为动漫王国，其动画、漫画、游戏文化已深入全球青少年群体的心中，成为一种超越国界的流行符号。而韩国，借由席卷全球的"韩流"现象，不仅在音乐、电视剧、综艺节目等方面收获了海量的国际粉丝，更是在美妆、时尚领域刮起了清新的风潮，展现了非凡的市场号召力。

在这些变化的背后，体现了亚洲各国在政策扶持、科技创新、人才培养等方面的不懈努力，以及对传统文化与现代审美的深刻挖掘与巧妙融合。数字经济浪潮的助推，使得内容创作、发行渠道和消费模式发生了革命性转变，为亚洲文化创意产业插上了腾飞的翅膀。如今，无论是好莱坞大片中的异彩纷呈，还是东京街头巷尾的次元交错，又或是首尔江南区的潮流涌动，都在诉说着一个事实——全球文化创意产业的版图正在重绘，东西方的对话与交锋从未如此精彩，而这正是人类文明多样性和创造力最直观的体现。在这个过程中，不同文化背景下的故事、声音与图像得以跨越山海，汇聚成一曲全球共赏的交响乐章。

二、数字转型进程明显加速

创意产业发展的内在动力是产业转型与升级，通常是第二、第三产业融合发展的结果①。在全球文化创意产业的国际贸易舞台上，一场由数字技术引领的转型浪潮正以前所未有的速度推进，重塑着行业的面貌与未来的可能性。这场深刻的变革，不仅体现在内容生产和分发模式的根本性变化上，更在于它如何重构了全球消费者的行为习惯，以及由此产生的市场结构与竞争态势的新常态。

首先，数字技术的广泛应用极大地提升了文化创意产品的创作效率与表

---

① 汪永红. 我国文化创意产业发展与高校实践［J］. 新经济，2023（7）：52-58.

现力，使创意工作者能够以全新的方式讲述故事、传达情感。三维建模、虚拟现实（VR）、增强现实（AR）等尖端技术的应用，不仅让影视作品、游戏体验更加逼真与震撼，还催生了一系列全新的艺术表现形式，如交互式叙事、沉浸式剧场等，为观众开启了前所未有的感官之旅。此外，随着人工智能（AI）的融入，无论是辅助剧本创作、个性化推荐系统的设计，还是智能编辑与后期处理的自动化流程，都进一步释放了创意潜能，降低了入门门槛，让更多的人能够参与到这个丰富多彩的创作生态圈中。

其次，数字化转型深刻改变了文化创意产品的分发与消费方式，打破了时间和空间的限制，实现了全球范围内的瞬间共享。流媒体平台的兴起，如Netflix、Amazon Prime Video、Disney+等，颠覆了传统的观影模式，用户可以根据个人喜好随时随地享受高质量的影视节目。与此同时，社交媒体和短视频平台的普及，如 YouTube、Instagram、TikTok 等，则让独立创作者有了更多展示才华的机会。他们可以通过这些平台与全球观众建立连接，甚至孵化自己的品牌。在线音乐服务、电子书阅读器及数字图书馆的广泛使用，也令文学和音乐爱好者能够在指尖间畅游知识的海洋。

最后，数字转型还催化了商业模式的创新，为文化创意产业的可持续发展开辟了新路径。订阅制、微交易、众筹、非同质化代币等新兴模式的出现，为创作者提供了多元化的变现渠道，同时也让消费者能够用更加灵活便捷的方式来支持自己喜爱的内容。这些模式不仅提高了收入的可预测性，减少了中间环节的成本损耗，还有助于建立更加紧密的粉丝社群，强化了创作者与受众之间的情感纽带，进而促进了内容的长期生命力与品牌的忠诚度。

综上所述，数字转型如同一把双刃剑，既带来了前所未有的机遇，也不乏伴随而来的挑战，如版权保护、数据安全、算法偏见等问题。但无论如何，它已然成为推动全球文化创意产业国际贸易格局变迁的重要驱动力，预示着一个更加开放互联、创新活跃、体验至上的未来正缓缓向我们走来。在文化强国战略背景下，推动文化创意产业转型升级可以进一步坚定文化自信，满足我国社会公众对于社会主义先进文化的需求①。在这个过程中，每一个从业者、每一家企业乃至每一国政府，都面临着自我革新的考验。唯有拥抱变化、勇于探索，方能在波澜壮阔的数字化大潮中扬帆远航，书写属于各自时代的辉煌篇章。

三、区域合作协议逐渐增多

在全球文化创意产业的国际贸易版图上，区域合作协议的增多标志着一个新时代的到来。这一趋势不仅深化了地区间的文化与经济联系，还为参与国的文化创意企业开拓国际市场、促进产业创新提供了前所未有的契机。近年来，一系列旨在降低贸易壁垒、促进知识与技术流动、加强版权保护的双边或多边协定相继签署生效，为文化创意产业的国际合作铺平了道路。

首先，这些协议通过减少关税、简化海关程序、提高透明度等措施，直接降低了文化创意产品进出口的成本，使中小企业也能更容易地触及海外市场，扩大业务规模。对于依赖版权收入的行业而言，如图书出版、软件开发、音像制品等，此类协议中的知识产权章节格外重要。它们明确了版权保护的标准与执行机制，为原创内容的跨国传播提供了坚实的法律保障，激发了创作者的创新热情，促进了优质内容的全球化分享。

其次，区域合作协议常常包含有关人员流动的规定，这对于需要高度专业知识和技能的文化创意行业来说意义重大。艺术家、设计师、编剧、导演等专业人士能更加便捷地跨国工作与交流。这不仅丰富了本土文化的表现手法，还促进了不同文化元素的交融与碰撞，激发出更具全球视野的作品。同时，学生和年轻从业者的交流项目，如实习、培训、联合研究计划，有助于培养具有国际竞争力的创意人才库，为行业的长远发展提供保障。

再次，由于当今文化创意产业具有数字化特性，这些协议中的数字服务

---

① 刘勃．新媒体艺术与文化创意产业的和谐互动探析［J］．现代交际，2019（24）：84-85.

条款就显得尤为关键。明确的数据流动规则、网络中立性原则、电子商务框架等，为数字内容的跨国交易创造了稳定可靠的环境，加速了信息科技在创意表达与传播中的应用，促使产业向智能化、个性化方向发展。

值得注意的是，区域合作协议还能促进标准与规范的趋同，尤其是在版权管理、数据隐私、消费者权益保护等方面。这有助于建立统一的行业规则，减少企业在不同市场开展经营活动时面临的合规风险，使其能够更加聚焦于核心业务，而不是耗费在复杂的法律细节处理上。此外，通过定期召开行业论坛、展会等活动，这些协议还为各国文化创意产业搭建起交流合作的平台，不仅促进了信息共享与最佳实践的传播，而且加速了整个行业的成熟与壮大。

综上所述，区域合作协议的增加，不仅为全球文化创意产业的国际贸易营造了更加友好、有序的外部环境，也为参与各方带来了实实在在的利益。这不仅关乎货物与服务的交换，还更深层次地促进了不同文化理念间的相互理解和尊重，为世界文化的多样性与繁荣贡献了重要力量。在这一过程中，各国政府、行业协会、私营部门应携手合作，充分挖掘协议的潜力，共创文化创意产业的美好未来。

路径篇

本篇探讨了文化创意产业发展的路径。第四章和第五章分别从传统与现代两个视角探索了文化创意产业的发展，第六章则列举了我国文化产业发展的真实案例。文化创意产业需要在保护和传承传统文化的基础上，积极拥抱现代化的创新理念和技术，通过多元化的路径探索，实现文化创意产业的可持续、健康发展。

第四章　传统文化的文化创意产业发展之路

传统文化的文化创意产业是以传统文化元素为基础，通过创新设计和现代技术手段，开发出具有文化价值和市场潜力的产品与服务。通过对传统文化的文化创意产业化，不仅可以实现传统文化的创新与传承，而且能够为经济增长提供新动力。

第一节　依托传统文化的文化创意产业发展

一、传统文化与文化创意产业的契合性

（一）数字化激发传统文化活态发展

近年来，互联网、人工智能等技术为文化创意产业的发展注入动力，也为文化创意产业在实现中华优秀传统文化"两创"的过程中提供了有力工具。

首先，文化创意产业的数字化重新定义了传统文化的时空性。从时间层

面来讲，数字技术的实时性加速了传统文化传播的时效性，大众可以随时了解有关传统文化的内容。同时，数字技术存储内容具有恒定性特点，这可以弥补传统文化、书籍流失的弊端，让传统文化得以永久流传。从空间层面来讲，数字技术打破了传统文化的地域限制，使世界各地的群众都可以了解甚至感受到优秀传统文化①。

其次，文化创意产业的数字化重新定义了传统文化的内容表达和呈现形式。数字技术使传统文化的内容不再循规蹈矩进入活态发展阶段。用户成为传统文化传播中的一员，他们在网络上用创新式的方式来表达传统文化内容。在呈现形式上，数字技术使传统文化资源的整合从线下转移到线上，方便人们在手机上查阅传统文化。

（二）商业化实现传统文化潜在价值

文化创意产业与文化事业的一个重要区别，就在于前者具有商业化、市场化的特点。它在兼顾社会效益的同时也更注重市场效益。因此，文化创意产业在助力中华优秀传统文化发挥文化传承价值的同时，也进一步实现了中华优秀传统文化潜在的市场价值。

一方面，文化创意产业创造了传统文化原生产品的价值。在漫长的历史长河中，传统文化存在资源有限、保存不完整等现象，导致一些文化在继承和发展过程中无法完全满足大众对传统文化的需求。文化创意产业的兴起和发展解决了这一难题，它通过对传统文化进行产业化的包装和处理，让传统文化流入市场，满足大众的需求。

另一方面，文化创意产业创造了传统文化衍生产品的价值。近年来，传统文化在其原有元素的基础上，经过创意性转化，产生了众多 IP 产业链，不断提升传统文化的现代化市场价值。2019 年，电影《哪吒之魔童降世》不仅收获了令人满意的票房，影片中的主人公哪吒还被打造成各种衍生品推向市

---

① 张倩.文化产业助推中华优秀传统文化发展理路［J］.经济师，2024（4）：222-223.

场，在线上线下都十分畅销。传统文化的参与不仅可以使文化创意作品在创作上聚焦时代内涵，还能分析传统文化与社会语境的契合程度，重构具有优秀传统文化精髓的文化符号，为影视创作讲好中国故事、走向世界奠定坚实的基础①。

（三）创意化适于传统文化时代表达

文化创意产业是在文化产业基础上发展而来的更高级别产业。相较于文化产业，文化创意产业更强调"创意"二字，它不是对文化的简单复制，而是更重视对文化的创造。这种创造性可以使传统的优秀文化顺应时代发展，以现代化的表达呈现出来，进而符合中华优秀传统文化"两创"的目标。

首先，文化创意产业将传统文化融入现代化产品，顺应了时代潮流。在当代年轻群体越来越追求潮流而与中华优秀传统文化产生断代的背景下，文化创意产业中对传统文化的现代化创造，无疑是发展优秀传统文化的较好方式。现在，"国潮"逐渐成为一种流行趋势而被大众青睐。"国潮"产品的核心便是以中华优秀传统文化为元素，以中国传统美学为理念而设计的日常用品，如木雕制品、粉石文具等文创产品走进了现代人的生活。

其次，文化创意产业将现代技术融入传统文化，顺应了时代发展。文化创意在传统手工的基础上，运用技术性手段，继承并发展了中华优秀传统手工艺。

二、依托传统文化的文化创意产业发展策略

（一）文化创意设计参与者的艺术坚守

在现代文化创意设计的过程中，想要运用传统文化元素取得良好的艺术设计效果，就需要把握好设计尺度。在设计时需要以东方传统美学文化作为设计框架，探寻有价值的本土文化元素。在文化创意设计过程中，将传统元

---

① 刘政义，何浩南．传统文化元素与文化创意产业发展的耦合与实践研究［J］．文化产业，2021（27）：36-38.

素作为情感媒介，创新传统设计形式，让艺术呈现更加具有灵活性。

传统文化元素的应用，并非只是简单地运用区域独有的文化符号。想要实现本土精神文化的传达，避免文化创意设计的形式化，就需要以传统文化精神传承作为产品设计的初衷。文化创意设计并不是简单的东方形式复古，而是要让人们透过作品的表象，体会到传统文化的内核精神，实现对多种文化元素的衍生与再创造，最终的成品要体现出传统文化元素的艺术美感[①]。

（二）文化创意产品凸显传统文化元素

中国是一个统一的多民族国家，不同的民族地区有着独特的民族文化。在设计开发文化创意产品的过程中，要想融入优秀的传统文化元素，就需要对民族区域进行实地考察，理解其文化内涵，以提取出具有历史意义的民族文化。

在文化创意产品的设计和生产过程中，需突破时间与空间对文化传承的限制，以更好地满足大众的需求，以及打破传统民俗、自然的生活惯性，让本民族的文化内容被广大群众所理解，以拓展民族文化受众，实现对传统文化内涵的延伸。

此外，利用优秀的传统文化符号，使之与文化创意设计进行有效结合，并在其他文化作品中充分体现，以助力传统文化精神的传播，加强人们对传统文化发源地区的了解和认知。同时，在文化创新的过程中，文化创意设计不仅可以形成全新的发展动力，同时也对民族文化的传承与推广具有良好的促进作用。拓展传统文化的发展渠道，让各民族独有的精神产物不再孤立存在，更好地服务人民大众，将抽象的民族精神内涵，以特色产业与商品的形式直观地展现出来。

（三）在文化创意产业中延伸传统文化内涵

文化创意产业并不是简单地复制传统文化符号，而是在传统文化内涵的

---

① 包玉君．中国传统文化在文化创意设计中的应用［J］．文化产业，2021（27）：73-75．

基础上，结合现代化人们的艺术需求，注重功能实践性与艺术审美性，将具有针对性的文化元素进行再设计。结合当前我国文化创意产业形势来看，一部分创业者或设计师只是将经典的传统文化元素简化为文化符号，甚至一些企业的创意文化产品设计，也只是对中国历史文物的简单复制。这种设计形式缺乏时代感，千篇一律的设计原理只会让人们产生审美疲劳。因此，单纯效仿古人的艺术作品，无法契合大众的审美需求。文化创意产业并非一味迎合当前的市场需求，而是以本土文化的传播为基础进行的艺术创新。

在文化创意产业中融入传统文化理念，需要协调好传统文化元素与现代化创意设计之间的内在联系，打造出一种"你中有我、我中有你"的设计格局。此外，文化创意产业的发展要立足于本土历史文化内容，不断探索与创新，改变传统单一化、形式化的创意设计形式。同时，设计人员要融入现代化审美观念，选择一些优秀的传统文化元素，通过改造、创新与再设计，充分表现出传统文化具有的艺术价值和商业价值，以满足现代化人们的精神需求。

三、文化创意产业挖掘传统文化的注意事项

（一）传统文化的现代化

元素是构成产品或者作品的最基本层次，所以文化的创意和创新就要牢牢扎根于我们民族的文化特征。但这绝不意味着只是简单地重复再现。在广阔的舞台上向世人展示传统的文化时，我们应用现代人的眼光，用现代的市场视角来开展文化产品的设计和开发。在展示民族文化时我们常会发现，一种新的文化一旦形成并被应用，就意味着它脱离了原来赖以生存和维系生命的土壤，要在新环境中寻求生长。所以，传统文化需要进行现代化的改造。只有如此，传统的文化形态才能带来现代的视觉震撼、听觉享受、触觉感触。这与我们现代人的生活环境、思想观念紧密相关。

（二）依托传统文化的文化创新要着眼于未来

肩负传统文化传承重任的人，在传承过程中一定要有所突破。我们不能仅满足于形式上的现代化，更要注重运用现代意识与观念对传统文化进行表现和创新。传统文化得以绵延至今，是我们一代代华夏子孙传承的结果。这份传承，不仅是把文化遗产传递下来，更要让它在新时代承接延续。用现代的意识武装文化创新，在创新意识的引领下做出选择和取舍。在对中国传统文化进行应用和创新时，既要扎根于本民族的文化土壤，又要契合现代人的审美观念和意识。

第二节　文化旅游与文化创意产业的融合

一、文化旅游与文化创意产业融合的原因

（一）旅游需求的增长

旅游业随着社会发展速度的加快、社会生产力的提高而发展，人们需求的增长也带动了旅游产业的发展。随着人们收入的提高、闲暇时间的增多、可支配的收入增加，人们的观念随之发生变化，开始注重生活方式的转变。人们希望通过亲近大自然来获得心灵的栖息、陶冶心境。随着人们观念的转变，对旅游业的要求也在不断变化，人们开始更多地关注个性化和精神化的旅游产品，这成为旅游不断发展的内在驱动力。

人们对精神层面的追求越来越高，对旅游产业的需求也趋向于获得精神方面的满足。当文化创意产业与旅游产业融合后，人们在旅游过程中，除了能欣赏大自然的风景，还能感受到浓厚的文化氛围。此外，文化创意产品的研发也满足了人们求新、求异的心理特点，为旅游业的发展注入了新的活力。

（二）旅游资源观念上的变化

旅游的开发不能仅局限于对自然风光的开发。传统观念限制了旅游资源的开发。实际上，旅游资源既包含历史文化遗产，也涵盖人工打造的旅游景观。如苏州园林和敦煌莫高窟等。那些曾被人们忽视的旅游资源，非但不逊色于自然景观，而且还吸引着大批的游客前往。文化创意产业就是要将这种旅游资源加以整合，将观念、思想、文化内核等作为价值链，发挥其精神层面的作用，推动我国旅游业的发展。

（三）技术的发展与创新

产业的融合离不开技术的发展与创新，技术的发展能够促进产业的融合。文化创意作为一种理念，需要技术作为支撑，以产生内在的动力。这种动力深刻融入旅游的各个方面，进而将文化创意渗透到旅游产品当中。例如，交通技术的发展促进了旅游业的发展，旅游新产品的开发也融入了文化创意。

二、文化旅游与文化创意产业的融合：文化创意旅游

文化创意产业与旅游业的融合产生了文化创意旅游产业。文化创意旅游的发展历史很短，始于20世纪90年代。2000年，雷蒙德（C. Raymond）和理查德（Grey Richards）首次提出文化创意旅游的概念。当时，文化创意旅游被认为是一种旅游形式，即旅游者在游览过程中，通过积极参与目的地国家或社区的文化学习、技巧学习，激发自身创意潜能，以体验目的地文化氛围。但随后，这一概念发生了变化，转变为主要指某种产品类型或产品开发模式。2006年，联合国教科文组织全球创意城市网络（UNESCO Creative Cities Network）将其定义为："参与导向的、真实体验旅游地的艺术、遗产或特色风情的旅行。①"

---

① 吴静澈. 广西北部湾海洋文化创意与旅游发展研究［M］. 武汉：华中科学技术大学出版社，2021：41.

总的来说，自 20 世纪 90 年代起，尤其是进入 21 世纪后，在体验经济走向成熟、知识经济不断发展、文化和创新受到全球重视的时代背景下，创意旅游产业迅速发展起来。

三、传统文化旅游与文化创意产业的融合策略

（一）文化赋能推动文化创意旅游的内容创新

文化创意旅游植根于文化，也生产着新的文化[①]。文化创意旅游不仅消费过去的文化，还对同时代的文化和生活方式进行消费和再生产。文化赋能旨在激发文化创意旅游的文化内容生产，即以旅游者的流动性为特征，在与目的地文化资源和文化环境互动的过程中，推动内容素材和文化符号的创新。在内容素材的创新上，文化创意旅游的新素材是指创意旅游中所融合的要素资源，而这些要素资源在以往并非旅游内容生产的重要部分。以影视为主题的创意旅游为例，原本影视产业和旅游产业属于两种不同的经济业态，文化创意旅游的开放性、嵌入性、体验性等特征推动了"创意旅游+影视"的融合。这不仅创造了新的文化景观，还让参观拍摄地点、影视中描绘的地点、特定影视景点和主题公园、电影节、电影首映礼，以及以影视为主题进行营销的地点成为创意旅游内容素材的重要组成部分。

文化创意旅游的文化符号生产，指的是文化在物质层面被创造、制作、展览以及市场化，在精神层面被吸纳、评价和消费的过程。文化创意通过对文学、技艺、神话、民俗等文化类型进行符号化提取，借助主客体的共同实践，推动文化内容和文化符号的具象转化，成为文化创意旅游景点或目的地的文化象征。在这种情况下，旅游者选择文化创意旅游背后的动机不再是解决基本层面的消费需求，而是成为对社交、尊重、自我实现和自我变革的追求。通过符号化的创新，旅游者在文化创意旅游中消费创意产品获得的表达

---

① 潘海颖，张莉莉．创意旅游之内涵特征、构建图谱与发展前瞻［J］．旅游学刊，2019（5）：132.

维度，并非仅仅反映既定的期望，而是按照一种经过共同参与和认同逻辑建构起来的新期望。同时，这种共同参与和认同被创意旅游产品和服务所建立的符号意义系统所驱动。例如，《只有河南·戏剧幻城》文旅演艺聚落群，它以中原文化为内容根基，对黄河、土地、粮食等文化符号进行创新性凝练，借助"棋盘式"空间的营造，让旅游者在自主可控的时间和空间的沉浸式互动中，踏入寻根之旅，感悟黄河文化的起源和中华文明生成的母体，以及历史悠久的农耕文化和中原民俗风情。

（二）文化创意产业提升"非遗"旅游品质

首先，整合"非遗"区域内的旅游资源。"非遗"作为中华文化最古老、最具象的文化符号，往往具备独特的区域文化气质。在"非遗"旅游开发过程中，应该将让游客得到难忘的旅游体验作为开发目标，整合当地旅游资源，充分挖掘地方特色。例如，广东新会崖门海战"非遗"类旅游资源的体验式开发，以崖门海战流传故事为核心，以强势文化品牌带动其他产业的开发。借鉴杭州宋城、开封汴梁小宋城的开发模式，联合广东粤剧，打造具有岭南特色的崖门海战宋文化体验区。同时，串联陈白沙故居等景点，辅之以新会特色饮食文化，实现旅游资源点、线、面的整合与优化，发挥旅游综合性的特点。

其次，注重"非遗"旅游产品的延伸。原国家旅游局（现文化和旅游部）将旅游产品分为观光旅游产品、度假旅游产品、专项旅游产品、生态旅游产品和旅游安全用品五种类型；按照功能将旅游产品划分为基础型产品、提高型产品和发展型产品三个内部存在递进关系的层次。"非遗"旅游产品的开发要注重各门类和各功能的延伸，要在用材、规格、功能等方面开发出更多品种的衍生品，形成综合效益。

最后，提升"非遗"旅游产品的品质。"非遗"的活化需要与社会价值相融合，单纯照搬传统技艺很难融入现代人的生活。因此，要结合现代人的审美对产品进行再创作。例如，湛江非遗工艺品是源自廉江舞鹰雄、雷州石狗、遂溪醒狮、湛江人龙舞四类"非遗"而形成的系列文化纪念品。在创作过程中，他们非常重视头冠、面具、纹饰及样貌设计二度创作，注重运用卡通化、拟人化等更具亲和力的方式，将岭南文化的地域特色和多样性呈现出来，再现浓郁的地方文化特色。这一系列举措综合提升了"非遗"旅游品质，提高了游客满意度，延长了游客的旅游体验。

"非遗"+旅游将是创意文化产业与文化旅游融合一大重点方向。在提升游客旅游体验时，应凸显地域特色文化、融入现代文化价值、创新旅游产品设计，寻找文化要素、经济要素与创新形式和手段的契合点，提升以文化创意为理念的"非遗"旅游新体验。

（三）文化创意产业助力乡村旅游发展

我国有许多乡村历史悠久，饱经岁月洗礼，不仅有着浓重的岁月感，还凝聚了深厚的文化底蕴。同时，这些乡村保留了比较完整的原始风貌，自然景观清隽秀丽，令人心旷神怡。它们在开展乡村旅游方面具有天然的优势，也为文化创意产业与乡村旅游融合发展创造了有利条件。因此，乡村旅游负责人应加强对区域资源的整合、开发与利用，将充满历史气息的古村落与旅游创意产业深度融合，着力打造中国独一无二的乡村旅游景区，吸引各地游客来此进行观赏、休闲、娱乐，为当地乡村旅游发展注入新鲜血液，推动创意旅游行业稳定持续发展[①]。

以我国云南省彝族村为例。该村落历史悠久，是我国经典的古村落之一，不仅历史厚重感较强，凝聚了深厚的文化内涵，还遗存了大量珍稀的人文景观，为当地乡村旅游发展作出了卓越贡献。在新时代发展环境下，要实现文化创意产业与古村落深度融合发展，政府相关部门就要加强对乡村旅游创意产业的资金投入，重视对古村落、古宅古建筑的保护与开发，以期在助力区域性旅游稳定发展的同时避免古建筑物受到损害。同时，要委托专业的旅游

---

① 曾嘉祺.Q市乡村旅游与文化创意产业融合发展研究［J］. 旅游与摄影，2022（9）：59-61.

企业开发旅游项目、设计旅游路线，致力于为游客提供一次难忘的旅游体验①。

第三节　文创产品设计与文化创意产业的融合

一、文创产品设计与文化创意产业的相关性

文创产品与文化创意是知识经济时代的重要产物，对国家和民族具有重要意义。近年来，随着文化创意产业的兴起，文创产品设计在得到长足发展的同时也面临着一些挑战：文化元素的开发利用有待深入，部分产品缺乏文化内涵；设计水平参差不齐，同质化现象严重；产业链条不完整，整体发展能力有待提高；缺乏系统的人才培养体系，复合型创意人才匮乏；文创产品的市场培育和营销推广力度不足。这些问题制约了文创产品设计的进一步发展。

若想让文创产品设计真正做到"文化+创意"，关键在于要将文化精神实质性融入产品，避免流于表面的肤浅化倾向。同时，要加强整个产业链条的建设，培养复合型人才，让文化创意在设计实践中充分发挥价值，推动文化创意产业实现高质量发展。

文化元素与产品形式的融合是文创产品设计的关键。设计师需遵循"先有文化内涵，后有造型呈现"的理念，使文化元素与产品的造型、结构、材质、工艺等有机统一。在造型上，设计师可借鉴建筑、器物的造型特征与表现手法；在结构上，可参考传统结构；在材质上，可运用地域性天然材料；

---

① 文艺. 乡村旅游与文化创意产业的融合发展研究［J］. 旅游纵览，2023（1）：183-185.

在工艺上，可吸收传统加工技艺等。通过多种设计手段的综合运用，实现文化与形式的和谐统一。同时，设计师还要立足当代语境，在传承传统文化精髓的基础上，体现现代设计美学，实现传统与现代的交融，让文化元素焕发时代气息。

文创产品还应将文化内涵与产品功能有机结合，构建完整的文化体验。在实用产品设计中，可从传统生活智慧、环保理念出发赋予其新的功能定位；在艺术装饰品领域，可通过多媒体技术等增强文化内涵表现力。设计师还应注重产品的文化解码，通过说明手册、线上线下讲解等方式，向用户讲述文化元素的内在意蕴，让用户在使用中获得文化认同和审美体验。同时，文创产品的功能设计要立足于人本理念，从用户需求出发，在提供文化体验的同时，满足其使用需求。只有提供友好的使用体验，才能真正做到文化与功能的完美融合。只有做到内涵与功能的深度融合，才能真正实现文化创意在产品中的活化，让文创产品成为传播文化、引领生活方式的载体。

文创产品的市场培育需要进一步加强。要提升大众文化消费意识，完善文创产品营销推广体系，拓宽文创产品销售渠道，推动文创产品成为大众日常生活的重要组成部分。只有从多维度、全方位发力，中国文化创意产业才能迎来更加广阔的发展前景，文创产品设计也将焕发更加夺目的光彩①。

二、文创产品设计与文化创意产业的融合策略

（一）具有创意性的非遗文创产品设计

1. 将非遗元素融入文创产品设计

设计师可以把民族音乐、地方戏剧等艺术形式中，那些反映古人情感、思想、文化的意象元素，融入非遗文创产品设计中，以此展示我国古人不同的思想情感、价值观念。例如，将地方戏剧的人物造型、舞台布景等元素应

---

① 马丽媛. 基于文化创意的文创产品设计策略与实践［J］. 文学艺术周刊，2024（7）：71-73.

用于服装设计、家居用品设计等领域，如以京剧脸谱为灵感，设计出独特的服装图案；以木偶戏的人物形象为基础，设计出可爱的玩偶装饰品。在一些地方景区中，他们将代表地方特色的非遗产品设计成纪念品、摆件等形式的文创产品。例如，在西安的兵马俑景区，可以购买到以兵马俑形象为灵感的陶瓷工艺品、文房四宝等。这既能满足游客对地方特色纪念品的需求，又能推广和传承当地的非物质文化遗产，使产品具有独特的文化内涵和情感共鸣①。

刺绣、剪纸、陶瓷这类有具体材料和工艺手法的非遗文化，能够为文创产品注入浓厚的传统文化氛围，展现非遗文化的独特魅力。特别是我国那些拥有独特工艺技法的非遗文化，不仅可以展现我国古人的聪明才智、艺术创造力和精湛的工艺技艺，还可以增加文创产品的传统韵味。例如，运用我国传统的刺绣技法制作手帕、刺绣画等文创产品，或运用剪纸技法制作贺卡、挂饰等文创产品，或将我国传统的竹编工艺用作篮子、餐具等各种生活用品的设计，都彰显了传统工艺的独特魅力。

传统文化中的绣花图案、木雕图案、陶瓷花纹等元素，都可以被运用到文创产品的设计中。将这些富有象征意义、丰富文化内涵的非遗文化与现代设计相结合，可以创造出具有时代感和创新元素的文创产品，并赋予产品更深层次的意义和价值，对推动非遗文化的传承与发展具有积极的作用。

2. 加强新工艺、新材料的融合应用，保留非遗的特征

随着科技的创新，衍生出许多新工艺、新材料，为非遗文创产品的创新设计提供了重要支持，也有助于提升产品的生产效率和质量。设计师可以借助现代科技手段探索新的工艺技术，将其与传统非遗技艺相结合，实现文创产品的高效生产。例如，利用3D打印技术来制作传统工艺品的原型，提高生产效率和产品的精细度。这不仅能够保留传统非遗的特征，还能够通过新

---

① 敖道金，谭嘉铖．"非遗"文创产品设计与实践创新研究［J］．美术文献，2022（9）：129-131.

工艺技术的应用，使产品更具现代感和时尚性。"兔儿爷"产品的生产，将北京传统民间玩具"兔儿爷"手工艺品与现代的流水线生产工艺相结合。通过合理分配工人的生产工序，来保证这款非遗文创产品生产效率的提升，有效地提高了产品销量。

近年来，生态环保材料的研发与应用，也有效地丰富了非遗文化中传统材料的局限性。使用环保材料替代传统的有害材料，既能够保护环境，又能够提高产品的质量和安全性，也为非遗文化注入新的元素，创造出更具创新性和时尚感的产品。例如，利用透光性高、防腐性强的安徽宣纸进行纸灯设计，赋予了文创产品更多的文化内涵和美学价值①。

（二）瓷器文创产品的设计与产业化

1. 突出特征，打造个性造型

在文创产品设计方面，"突出特征"是比较常用的手法。简单来讲，是在设计或者开发某类文创产品时，准确把握并重点突出它们的"核心特征"，以此达到放大优势、突出亮点的效果。将"突出特征"的设计手法应用于文创产品开发之中，更容易获得个性化造型，有利于获得更理想的宣传效果。

故宫推出的"来自故宫的礼物"文创产品广受关注，取得了热烈反响，同时也为文创产品开发作出了示范。故宫周边文创礼物"龙凤情侣对杯"在设计时，选取了宫廷御用的朱红和明黄两种颜色。其中，黄色为男生所用的万岁杯，运用了皇帝龙袍、皇冠等元素；红色为女生所用的千岁杯，运用了皇后的凤袍配凤冠等元素，着重突出了中华复古宫廷的风格特点。

2. 创新色彩组合，丰富文创产品感情

陶瓷是中国的象征，历经千年风雨积淀了丰富且深厚的文化底蕴。在对陶瓷工艺品进行文创产品设计的过程中，一方面需要注重汲取传统文化的精髓，将其与现代设计深度融合；另一方面需要迎合现代人的审美需求、应用

---

① 张瑛．非遗文创产品设计与实践创新思考［J］．鞋类工艺与设计，2023，3（24）：64-66．

需求以及情感需求等进行创新设计，由此开发出人们喜闻乐见的陶瓷文创产品。若是在陶瓷文创产品的开发与设计中，只一味地采用古代文物的外形、花纹以及色彩样式，不注重对其内在文化底蕴的提炼，会导致设计出来的文创产品难以实现真正的产业化。所以，在陶瓷文创产品设计中，要创新色彩组合，打破以往固定的色彩搭配思维，通过新的色彩组合满足人们的审美需求，以激发人们的喜爱之情。

以故宫博物院推出的陶瓷类文创产品"御猫说系列"的陶瓷马克杯为例。该马克杯打破了传统的色彩组合，采用了暖色调的橙色以及洁白如雪的白色，打破了以往"青花"满瓶或者颜色单一的形式。橙色与白色的合理组合给人一种温暖的感觉。该杯身如红墙白瓦，杯柄似宫殿屋檐。在喜庆庄严的宫墙之下，一只橘猫从墙洞中探出头来，憨态可掬，煞是可爱。这款御猫系列文创陶瓷采用了御猫造型，调用了故宫元素，融入了当下颇受年轻人追捧的"萌宠"和"国潮"等元素，所以，这类文创产品一经推出，就受到了众人的喜爱[①]。

（三）中华茶文创产品的设计与产业化

1. 挖掘和利用特色茶文化资源

深入挖掘茶文化资源，对于创意产品设计来说至关重要。将富有特色且丰富的茶文化资源运用到创意产品中，可以给消费者留下深刻印象，这也是创新和推动茶文化创意产业进步的重要举措。

目前，基于茶文化的创意产品种类已较为多元，旅游、茶叶包装、涉茶演绎、茶谚语、茶技艺等均可作为创意产品设计的对象。在各行业逐渐成熟稳定的当下，丰富的行业内容为茶文化创意产品设计提供了大量素材。在挖掘茶文化资源时，可将其与书法、传媒、餐饮、歌舞、传统手艺等相融合，设计出多样的茶文化产品。例如，化妆品行业已经引入茶文化元素设计粉底、

---

① 李睿晗，崔茵. 文创产品中瓷文化创意产业发展分析 [J]. 陶瓷科学与艺术，2022，56（10）：6-8.

口红等产品，深受消费者青睐。这种方式不仅拓宽了茶文化创意产品设计视野，还有效发挥了茶文化的优势，提升了创意产品的附加值，为行业带来较高产业效益。

此外，在挖掘茶文化资源时，应站在创意产品设计需求的视角来考虑问题。并非所有资源都适用于创意产品，需及时关注市场中出现的创意文化产品元素，尽量避免与之重叠，尤其是那些在市场中已经较为饱和的茶文化元素和产品。在挖掘茶文化资源的过程中，应时刻秉承创新思维，并对产品发展趋势加以预测，以此来提高茶文化创意产品市场接受度。

2. 茶周边文创产品设计的创意开发

近年来，越来越多的商品在包装设计时融入茶文化元素。茶文化的应用，不仅能使产品外包装更加精美，还能在一定程度上赋予商品本身一些中国元素。

要想设计出既精致，又具备文化内涵的创意包装产品，就需重视色彩的应用。色彩的合理应用不仅能产生视觉冲击，还能引起消费者内心反应。例如，在对茶叶外包装进行设计时，可结合茶叶的种类，有针对性地运用色彩。绿茶的香味和口感都比较清新，在设计外包装时可使用绿色等偏冷色调；红茶口感较为醇厚，外包装可使用偏暖色调；白茶散发清淡香气，外包装可以使用较为柔和的色调，让消费者可以从茶叶的外包装色彩中看出茶叶种类。西湖龙井茶的外包装色彩，既与茶叶特征相符，又能满足当代人的审美。它主要使用浅棕偏土黄色，从整体上来看具有复古特征，与大部分消费者的年龄层次和心理预期相契合，能够体现出茶叶深厚的历史底蕴。目前，市场上的茶叶外包装创意产品非常多，且茶叶和茶文创产品间的联系非常密切，这进一步推动了以茶为主题的文化创意产业的发展。

此外，茶具作为盛茶的重要器皿，是茶文创产品的重要发展对象。在饮茶文化的影响与需求下，借助茶文化设计茶具，能对茶文化创意起到双重传播作用。茶具产品形式丰富，主要包括白瓷、青瓷、彩瓷等材质的茶具。其中，白瓷整体色泽呈现白色，可以展示出茶叶原有的色泽，拥有较强的保温性能；青瓷茶具产品在宋代最受欢迎，青瓷茶具整体色泽呈现青翠色，与绿茶搭配使用可将绿茶汤色完美呈现，流传至今，具有浓厚的历史底蕴；彩瓷茶具产品花色较丰富，外观集华丽、淡雅为一体，色彩之间互相辉映，给人制造视觉愉悦感。总的来说，传统茶具具有极大的文化创意产业化开发价值。

第四节　民间美术的文化创意产业探索

一、民间美术的文化创意产业开发价值

民间美术作为创意美术中的重要组成部分，在我国具有强大的民间基础。民间美术主要在人民群众中创作，并以表达内心心愿以及开展民间活动为主，同时也起到了美化生活的目的。民间美术主要应用于日常生活中。随着国家开放程度的不断加强，对外交流日趋频繁，民间美术元素作为信息、产品以及创意资源，其开发价值也日渐凸显。颇具优势的是，中国作为统一的多民族国家，各少数民族都保留了自身的某些民俗。民间美术则是组成各民族传统美术、表达不同民族艺术诉求的重要形式，多民族的民俗模式为不同的民间美术的存在奠定了坚实的基础。实际上，在传统文人艺术（即精英艺术）之外的艺术文化都可以称之为民间艺术，其产生与发展的土壤就存在于不同民族之间。民间美术在我国拥有较为深厚的生存土壤，而这种深厚的文化土壤，能够为作为现代创意产业内容之一的民间美术提供开发基础。

民族习性与风俗的差异，使得我国的民间美术具有形式多样、面貌不同、类别丰富的主要特征。仅从民间画、雕塑、编制、家具造型、服装纹饰、戏剧装饰、房屋装饰、剪纸等方面来看，就可以大致窥见我国民间美术在不同

地域的不同呈现。例如，就民间画而言，有年画（天津杨柳青木版年画）、版画、灯笼画、壁画等；就刺绣染织而言，有蜡染（贵州苗族）、刺绣、印花布（江苏南通蓝印花布）、土布、补花、织锦（湘西土家锦、广西壮族壮锦）等；就雕塑而言，有木雕（东阳木雕、潮州木雕）、彩塑（战国木俑、马王堆汉代木俑、山东彩雕）、金属铸雕（西藏佛像）、建筑石雕（福建惠安青石雕、云南大理石雕）、面塑（甘肃、陕西、宁夏、内蒙古、河南、山西等）、砖刻（天津回族）、琉璃建筑饰件和瓦当装饰等①。

上述不同地域的民间美术足以说明，我国在创意美术方面，尤其是在以民间美术为契机的创意产业方面有着先天的优势。这种优势来自于不同地域的不同民间习性与民族风俗。各地民间美术的差异化，极大地丰富了我国民间美术创意产业的创意元素。在科技信息时代，在经济一体化日趋趋同的当下，掌握国家民族独有的创意资源显得尤为重要。而民间美术资源的差异化和丰富化特征，可以成为我国发展创意经济，并在世界范围内形成强有力竞争力的主要依据。

作为文化创意产业下的民间美术，想要在文化创意经济的大格局中发挥重要作用，就必须以市场的眼光来衡量自身。这就需要各民族与各地域根据各自区域经济的发展模式来发展民间美术创意产业。民间美术作为民间文化的重要组成部分，有着巨大的经济开发价值，也是地域文化的主要构成成分。其价值的开发实际上也体现了地方经济与文化的重要关系。从市场因素来看，对民间美术创意产业的开发体现了区域经济的战略眼光。尤其是在少数民族聚集地区，当地在第三产业的发展中对于民间美术创意产业的支持与扶持，体现出该地区对区域经济中民间文化的准确把握。民间美术创意产业作为第三产业，有必要以产业生产与销售的模式进行市场化运作。这也是将民间美术创意产业转化为具体经济价值的重要手段。

---

① 李鸿. 创意产业中的民间美术的价值开发［J］. 文艺生活（艺术中国），2022（6）：131-133.

二、民间美术的文化创意产业发展方向

（一）民间美术与动画创意产业的结合

1. 民间美术的动画化

20 世纪 60 年代，中国动画在人物造型、服装、背景布置和配乐方面都极具中国特色。动画艺术家们扎根于中国传统文化，从民间美术、民间传说等方面汲取养分，同时借鉴其他国家的表现形式，综合形成了自己的独特风格，在国际上打造出了"中国学派"的动画。

就动画的造型构造来讲，中国的剪纸动画片从皮影、窗花、剪纸、水墨画中寻找艺术灵感，发挥侧面剪影式造型的雕镂技巧与光线透视相辅相成的优势，做到场景虚实兼顾，人物形象鲜明生动，形成了独特的审美效果。如何将民族的本土造型符号转换为受当代人喜爱的动画艺术形象，尤其是转换为符合当代人的审美需求的动画语言，就显得尤为重要。中国民间美术中的皮影、木偶、年画、剪纸等艺术形式，具有概括、夸张、简洁、色彩单纯、强烈等特点，这些特点都与动画的造型及运动方式十分契合。然而，单纯把一些民间美术表现形式直接搬到动画片的银幕上，无法实现传统造型艺术的当代转型。只有充分开拓想象力，并将传统艺术表现形式与现代先进技术结合起来，才能在继承民族传统的基础上实现创新发展。

民间美术作为中国传统民族文化中的一部分，本质上是一种大众文化，与民众日常生活的衣食住行以及精神需求有着密切的关系，而动画艺术同样是一种大众的文化娱乐活动。只有抓住两者之间的共性，充分认识和理解本民族的文化精髓，了解大众的审美心理和精神需求，才能将本土文化精神融入现代动画中，让这种具有时代特色的大众艺术形式散发出本土文化独特的个性魅力。

2. 剪纸动画的发展

中国民间美术与现代影视结合的经典范例是剪纸动画片。剪纸是我国世

代相传的传统民间美术，具有强烈的装饰性和丰富的表现内容。它集剪、刻、绘于一体，与皮影的制作有许多相通之处，而皮影戏又是动画的雏形。运用剪纸与皮影的艺术形式创作动画，成为中国动画民族化的必然选择。

剪纸片是在南宋流传至今的皮影戏和民间剪纸等传统文化的基础上发展起来的一种美术电影片种。它以平面雕镂艺术作为人物造型的主要表现手段，借鉴皮影戏装配关节以操纵人物动作的经验，制作出有平面关节的纸偶。环境空间则由绘制的纸片以及贴在玻璃上的前后景构成，玻璃板之间相隔一定的距离，以便分层布光。拍摄时，将纸偶放在玻璃上，用逐格拍摄的方法把分解的动作拍摄下来，通过连续放映而形成活动影像。剪纸动画片以其独特的民族特色以及与众不同的艺术风格，丰富了中国动画艺术的表现风格，为中国动画片赢得了巨大的国际声誉。例如，1958 年，由万古蟾导演带领的创作团队汲取了中国皮影戏和民间窗花、剪纸等艺术特色，成功拍摄出中国第一部彩色剪纸动画片《猪八戒吃西瓜》。1961 年，动画短片《人参娃娃》代表中国剪纸动画第一次在国际上获奖，获得民主德国第四届莱比锡国际短篇和纪录片电影节"荣誉奖"。1979 年，获得埃及第一届亚历山大国际电影节最佳儿童片"银质美人鱼奖"。1963 年，推出了动画片《金色的海螺》。其人物造型在剪纸风格下具有色彩晕染的效果，动作设计借鉴传统戏曲的表演形式，采用舞蹈化动作，同时还运用了特技拍摄。

（二）民间美术与文化创意设计的交融

民间美术已渗透到设计领域的方方面面，并融入人们的衣食住行。民间美术在产品设计推广、环境设计、视觉传达设计、服装设计等方面都有应用。它既是民族元素，也是时尚元素；既具中国特色，又能走向世界各地。众多现代家居产品在外观、色彩和图案中都运用了民间美术元素。

在视觉传达设计领域，设计师们巧妙地将民间美术的设计元素与现代元素相融合。这种结合不仅体现了对本土文化的尊重和传承，也展现了传统与现代的和谐统一。例如，贵州黔东南的苗族蜡染，这种传统手工艺在设计师的手中焕发了新的生命力。设计师通过创新的方式，将蜡染元素融入文化创意产品设计，不仅让更多人了解和喜爱蜡染艺术，还推动了非遗经济的发展，助力乡村振兴。

在环境设计方面，民间美术元素的应用已成为城市美化和景观设计的重要手段。这些元素不仅增强了城市的文化底蕴，也成为宣传城市文化的一张名片。例如，苗族蜡染技艺在旅游景区的装饰和纪念品中得到了广泛的应用，丰富了蜡染产品的内涵和形式。

在服装设计领域，蜡染和刺绣等民间美术元素在国际秀场上的展现，不仅宣传了中国的传统文化，也使其走向世界。设计师赵卉洲就是其中的佼佼者，她将苗族的蜡染和刺绣工艺融入现代时装设计，让这些传统工艺在米兰国际时装周上大放异彩，展现了中国非遗文化的魅力。

此外，蜡染刺绣作坊和合作社的成立，不仅为民间美术的传承和发展提供了平台，也为当地居民创造了就业机会，带来了经济效益。在贵州丹寨，宁航蜡染艺技传习所的成立，使得蜡染工艺得到了更好的保护与传承，同时也为当地居民提供了就业机会，促进了当地经济的发展。

第五节 传统手工艺在文化创意产业下的重构

一、传统手工艺的文化创意产业生产模式

(一) 艺术家工作室

在消费社会和后工业社会背景下，艺术家工作室创意设计的传统手工艺术精品，是为满足社会对创意独特、设计巧妙、制作精良，且拥有极高艺术收藏价值和文化传承价值的高端手工艺术精品的市场需求而组织生产的一种

形式，这可以说是一种典型的创意文化产业。

艺术家独立负责高端手工艺术精品的生产组织，其技艺必须相当成熟、精湛，每一个生产步骤都要纯手工完成，这主要是一种高级定制型生产。艺术家不仅要进行创意设计，还要自己完成生产，以此提升艺术品价值。由于这种高端定制型艺术品设计创意环节艰难，创意制作工艺复杂，纯手工制作周期长，所以决定了高端艺术精品产量少、价格高、价值高，这也决定了其消费对象为社会精英阶层。

为促成艺术家工作室当代艺术精品创作形式的持续发展，需要在政策上出台科学合理的艺术精品创作保护机制，如知识产权保护、高端艺术人才培养、艺术工作室扶持及评级机制等。随着我国经济文化建设水平的不断提升，由艺术家工作室进行创意设计的当代手工艺术精品市场需求日益扩大，亟须完善与规范这种生产组织形式。

（二）工艺品公司：垂直一体化生产

工艺品公司垂直一体化生产是为满足一般大众消费者对手工艺术品的大量消费需求而形成的一种生产组织形式，其主要特点是机械化、大规模化和质量标准化。

垂直一体化是一种经济学概念，是指在公司场域内完成产品的整个生产、加工、销售流程。企业的垂直一体化机制涵盖产品的生产、批发、零售三个重要环节，完成产品从生产、运输到销售整个产业链工作。垂直一体化公司以专业化生产分工为基础。在工业革命和机器大工业发展的进程中，专业化生产分工已成为现代工业企业的重要特征，具有提高生产效率、降低各项成本、保证产品质量、提高经济效益等优点。为满足市场对手工文化艺术产品的广泛需求，公司式的垂直一体化生产形式代替了传统社会的家族作坊，成为更为科学合理的现代企业生产组织形式。

传统手工艺品生产在我国发展历史悠久，并在乡村社会自发形成了适宜民众生活的组织形式。在发展成为工艺品公司垂直一体化生产组织形式的过程中，除借鉴工业企业的机械化大生产、专业化分工、流水线加工、质量标准化等优势外，还沿用了农耕社会时期的生产组织经验和优势，形成了独特的生产组织形式。即公司机械化流水线生产与手工制作相结合，以及工人驻厂生产与工人分散居家生产相结合。

工艺品公司垂直一体化生产是我国现代对传统手工艺进行文化创意产业化发展的一种重要的生产组织形式。这种方式不仅适合对大众化、中低端手工艺品进行规模化批量化生产，同时还对解决乡村劳动力就业、促进手工特色文化产业发展、服务社会经济文化建设具有重要作用。

（三）产业集群式生产

产业集群式生产组织形式是传统手工艺在现代社会经济与消费趋势下的另一种产业形态。这种组织形式更加注重专业化、分工式的生产组织模式，带动多个手工艺公司参与完成一种手工艺产品的制作。在这个过程中每家公司根据自己的生产优势，专门负责某个生产环节或工艺流程。

专业化产业集群式生产重在找到最优、最合理的分工和合作模式，实现产业资源的最优配置，最大限度节省企业成本，获取最高产业效能，实现手工艺行业的绿色生态发展。在产业集群内，多个特色手工艺文化企业在一个地理空间聚集，按照产业链分工，各自承担文化创意产品的某一个环节。集群内多个企业或机构合作，取代了单一大型工艺品公司内部的机械化批量生产。现在，小型专业化公司负责生产批量小、设计感强、工艺精致的特色工艺品。由于各个企业和机构规模适宜，能够根据市场波动及时进行改革或调整，实现灵活经营。

手工技艺传承人的聚集会吸引从事相关产业的公司和个人进行集聚而形成集群效应，使行业实现良性发展。这也有助于他们合力打造产业品牌，从而提升产业竞争力。

（四）慈善救助性手工艺生产

在乡村振兴发展背景下，针对经济发展水平相对落后但拥有传统手工艺文化资源、生产历史和手工技艺基础的地区，适宜开展慈善救助性手工艺生产。这种生产组织形式既能够保护中华优秀传统文化，推进传统手工艺在现代社会的创新、转型与发展，又可以让当地手艺人通过手工艺加工生产，改善自身的生活条件。

慈善救助性手工艺生产通常由非营利性慈善机构负责组织产品创意设计、加工生产以及市场销售工作，并由当地手工艺人进行制作。例如，由壹基金资助的"壹基金羌族绣帮扶计划"、英国传统手工艺组织开展与传统手工艺相关的公平贸易活动等。这些慈善机构通过组织实施手工艺品生产，带动当地人民通过自己的劳动改善生活状态，使优秀的传统手工艺走上产业化发展道路，实现传统手工艺的传承与发展①。

二、文化创意产业下传统手工艺的文化重构策略

（一）政府推动传统手工艺向文创产业发展

在产业化、产业集群发展进程中，政府扮演着发动者和组织者的重要角色。传统手工艺作为劳动人民在漫长历史长河中积累沉淀的智慧结晶，是民族文化的根基，其传承发展理应得到政府的有力支持。鉴于此，地方政府应当将传统手工艺纳为重要的发展资源，推进其产业化发展。同时，政府部门也要为传统手工艺的产业化发展创造有利空间。在具体工作中，政府可推动传统手工艺与地方企业的融合发展，并构建相应的保障体系。在税收等方面进行适当减负，以此助力传统手工艺实现产业化发展，开发丰富多样的传统手工艺产品并投入市场，从而有效展现传统手工艺的经济价值。另外，地方政府还应进一步调动社会企业积极参与各式各样的工艺文化展览，展现传统手工艺的文化魅力，吸引公众的目光，提高人们对传统手工艺的关注度，进而调动人们对传统手工艺产品的购买欲望，促进地方传统手工艺与经济的并

---

① 田源．文化创意产业背景下民间传统手工艺价值及生产组织形式研究［J］．文化创新比较研究，2023，7（12）：131-135．

行发展。

（二）以技术跨界活化传统手工艺生命力

传统手工艺产业化发展过程主要涉及制造和销售两方面内容。前者关乎传统手工艺技术的产业化，后者影响着传统手工艺产品的销售及效益，二者合力共助传统手工艺的发展。

长期以来，传统手工艺一直通过小企业或民间作坊进行生产。不管以何种形式进行传承，跨界活化都是传统手工艺传承的重要发展途径。传统手工艺之所以能够得到有效的传承和发展，一方面是其传承形式创新，很好地契合了当今时代社会大众的审美需求。另一方面是其依托技术创新、工艺优化提升了其整体发展水平。随着社会的发展，企业面对日益激烈的市场竞争。他们通过引入机械化生产，取代了部分纯手工制作，降低了手工占比，并借助先进的科学技术提升了生产效率，推进了传统手工艺产品的批量生产。在科技的加持下，当代手工艺无论是产品品质还是生产效率都得到了迅速提升，而一些小规模作坊则着力于保留纯手工制作工序，生产兼具传统手工特色及文化内涵的高品质附加值产品。如此一来，不仅可以充分发挥一些生产材料的优势，还可以保留机械化生产难以取代的核心技艺。因此，在文化创意产业发展的背景下，基于现代技术的传统手工艺产品的产业化发展，应当推进传统手工艺与现代制作工艺的有机融合，构筑具有传统工艺特色且新颖独特的现代工艺品，进一步开发生产出可满足公众个性化、多样化需求的手工艺产品。

另外，在文化创意产业发展背景下，推进小型手工艺作坊转型发展，对传统手工艺的文化重塑有着十分积极的意义。通过对西方国家奢侈品品牌发展史的了解，不难发现，绝大部分品牌均起源于手工作坊。这一发现，为我国传统手工艺的文化重塑提供了有力借鉴。西方国家不仅注重对工匠艺人的保护，更注重保护工匠的工艺作坊。在他们看来，手工艺是品牌精神内涵的根本。倘若作坊消失在人们视野中，再要对其进行重塑将变得困难重重。正是因为这些精湛的工匠技艺以及新潮的设计，才使这些品牌成为消费者竞相追逐的奢侈品。当下，人们对手工艺产品的消费本质上就是对文化的消费。在新时代消费观念的驱使下，消费者选购商品不再局限于产品的功能性，还会受到情感因素、非物质观的影响。因此，文化创意产业发展的背景下，要以技术跨界活化传统手工艺，就需要在推进传统手工艺创新发展的基础上，摆脱传统营销思维定式，打造专属的手工艺品牌，用自身的文化内涵填充品牌故事，推进产品与营销策略的协同创新，进而获得长久可持续的文化及商业价值[①]。

（三）以传统手工艺优势搭建文化创意产业平台

文化创意产业下传统手工艺的文化重塑，应当有效结合传统手工艺的实际情况及其发展优势，打造文化创意产业平台，发挥传统手工艺产业的显性经济价值；依托传统手工艺的地域文化优势，打造具有地域特色的文化创意产业平台。如此，不仅可以保留传统手工艺的原生性特色，还可实现其创新性转化。另外，搭建传统手工艺文化创意产业平台，应积极引入各方主体的有力支持，推进地方政府、学术领域以及手艺人之间的交流与合作；依托政府、高校、企业、手艺人多方主体之间的深度联合和协同创新，构建一支综合素质高的传统手工艺保护传承人才队伍；借助现代信息技术，如三维场景的搭建、元数据的整理以及数据库的建设等，使平台资源更为系统化，进而开发出一系列代表性产品，解决我国传统手工艺传承发展中面临的多方面问题，实现产、学、研、商等一体化发展。传统手工艺文化创意产业平台的打造，实现了对各方资源的优化整合，不仅使分散的资源形成聚合效应，还实现了明确分工，凸显了手工艺生产的丰满性，拓展了其生产应用的空间。

---

① 亓晓飞. 文化创意产业发展下传统手工艺的文化重塑 [J]. 文化产业，2023（10）：157-159.

第五章 文化创意产业的现代化发展之路

文化创意产业的现代化发展是指通过创意和文化的融合，推动产业创新和转型升级，提升产业的附加值和国际竞争力。本章主要探究文化创意产业的现代化发展之路。

第一节 文化创意产业融资

一、文化创意产业融资的概念

文化创意产业融资是指文化创意企业为了实现自身的发展和业务扩张，通过各种渠道和方式获取资金的行为。文化创意产业涵盖了广告、设计、影视、音乐、出版、游戏等多个领域。这些企业在创作、生产、推广和销售文化创意产品和服务的过程中，需要大量的资金投入。融资活动旨在满足企业在不同发展阶段的资金需求，包括项目启动资金、研发费用、生产制作成本、市场推广费用等。

文化创意产业融资的主体主要是文化创意企业，这些企业通常具有创新性、高附加值和知识密集型的特点。融资的对象可以是银行、投资机构、政府部门、个人投资者等。融资的方式多种多样，包括银行贷款、股权融资、债券融资、众筹融资、政府扶持资金等。

二、文化创意产业融资的特点

（一）创新性强带来的不确定性

文化创意产业以创意为核心，不断推陈出新，创造出独特的文化产品和服务。这种创新性使得文化创意企业的发展充满了不确定性。一方面，一个新的创意可能会引发市场的强烈反响，带来巨大的商业成功；另一方面，创新也意味着风险，因为市场对新创意的接受程度难以预测。这就使得投资者在对文化创意产业进行融资时，面临着较高的风险评估难度。例如，一部新的电影在拍摄之前，很难确定其票房收入；一款新的游戏在推出之前，也难以准确预测其用户数量和盈利能力。

（二）无形资产占比高

文化创意产业的资产主要由知识产权、品牌价值、创意人才等无形资产构成。与传统产业相比，文化创意企业的固定资产相对较少。这给融资带来了很大的挑战。因为，传统的融资方式往往依赖于抵押物，而文化创意企业缺乏足够的抵押物。例如，一家设计公司的主要资产可能是设计师的创意和设计作品的版权，这些无形资产难以作为抵押物向银行贷款。同时，无形资产的价值评估也比较困难，不同的评估方法可能会得出不同的结果，这也增加了融资的复杂性。

（三）高风险与高回报并存

由于文化创意产业的创新性和不确定性，投资文化创意产业具有较高的风险。然而，一旦创意产品获得成功，往往能够带来巨大的回报。例如，一部成功的电影可以创造数亿元的票房收入，一款热门的游戏可以吸引大量的用户并实现高额的盈利。这种高风险与高回报并存的特点，使得投资者在对文化创意产业进行融资时需要更加谨慎。一方面，投资者需要对创意项目进行深入的分析和评估，以降低风险；另一方面，投资者也需要有足够的风险承受能力，以获取潜在的高回报。

（四）产业融合性强

文化创意产业具有很强的融合性，它可以与其他产业相互融合，形成新的产业形态和商业模式。例如，文化创意产业与旅游产业的融合可以创造出文化旅游产品，与科技产业的融合可以推动数字文化产业的发展。这种融合性为文化创意产业的发展提供了广阔的空间，但也增加了融资的复杂性。因为，融合性项目往往涉及多个领域和行业，需要不同类型的投资者共同参与，融资的协调和管理难度较大。

（五）对政策和社会环境敏感

文化创意产业的发展受到政策和社会环境的影响较大。政府的文化政策、知识产权保护政策等对文化创意产业的发展起着重要的推动作用。同时，社会的文化氛围、消费观念等也会影响文化创意产品的市场需求。因此，文化创意产业融资也会受到政策和社会环境的影响。例如，政府加大对文化创意产业的扶持力度，可能会吸引更多的投资者进入该领域；社会对文化创意产品的消费需求增加，也会提高投资者对文化创意产业的信心。政府可以通过成立专门的融资平台，针对文化创意产业提供贷款、担保、股权投资等多种融资方式，从而满足文化创意企业的融资需求，推动其健康快速发展[①]。

三、文化创意产业的融资方式

（一）银行贷款

银行贷款是一种传统的融资方式，对于文化创意产业来说，也是一种重

---

① 闫云莉．文化创意产业对区域经济发展的影响［J］．文化创新比较研究，2024，8（1）：110-113.

要的资金来源。文化创意企业可以向银行申请流动资金贷款、项目贷款等，以满足企业的日常经营和项目开发需求。不过，由于文化创意产业的风险较高，银行在提供贷款时通常会要求企业提供抵押物或担保。此外，银行也会对企业的信用状况、经营业绩等进行严格的评估。

为了提高获得银行贷款的机会，文化创意企业可以加强自身的财务管理，提高信用等级。同时，也可以与政府部门合作，争取政府的担保或贴息支持，降低融资成本。

（二）股权融资

股权融资是指企业通过出让部分股权，吸引投资者投入资金，以实现企业的发展和扩张。对于文化创意产业来说，股权融资具有以下优势：

首先，股权融资可以为企业提供长期稳定的资金支持。投资者成为企业的股东后，会关注企业的长期发展，而不是短期的回报。

其次，股权融资可以为企业带来丰富的资源和经验。投资者通常具有丰富的行业经验和资源，可以为企业提供战略规划、市场推广、人才招聘等方面的支持。

文化创意企业可以通过天使投资、风险投资、私募股权投资等方式进行股权融资。在选择投资者时，企业需要考虑投资者的背景、投资经验、资源优势等因素，以确保投资者与企业的发展战略相契合。

（三）债券融资

债券融资是指企业通过发行债券，向投资者筹集资金。债券融资具有成本较低、期限较长等优点，适合文化创意企业进行长期项目的投资。

文化创意企业可以发行企业债券、公司债券、中期票据等债券品种。在发行债券时，企业需要聘请专业的评级机构对债券进行评级，以提高债券的信用等级，降低融资成本。同时，政府也可以通过设立文化创意产业债券担保基金等方式，为文化创意企业发行债券提供担保支持，提高债券的发行成功率。

（四）众筹融资

众筹融资是指通过互联网平台，向大众募集资金的一种融资方式。众筹融资具有门槛低、受众广、互动性强等特点，适合文化创意产业中的小型项目和初创企业。文化创意企业可以在众筹平台上发布项目信息，吸引投资者进行投资。投资者可以根据自己的兴趣和投资能力，选择不同的投资金额和回报方式。众筹融资的回报方式可以是产品回报、股权回报、收益分享等。

为了提高众筹融资的成功率，文化创意企业需要制定详细的项目计划和回报方案，吸引投资者的关注。同时，也需要加强与投资者的沟通和互动，及时反馈项目进展情况，提高投资者的信任度。

（五）政府扶持资金

政府扶持资金是指政府为了支持文化创意产业的发展，设立的专项扶持资金。政府扶持资金通常具有政策导向性强、资金规模较大等特点，可以为文化创意企业提供重要的资金支持。文化创意产业可建立多元化、多渠道的融资渠道，政府可以在财政上增加预算，加大投入[①]。

文化创意企业可以通过申请政府扶持资金，获得项目启动资金、研发资金、市场推广资金等。在申请政府扶持资金时，企业需要了解政府的扶持政策和申报要求，制定详细的项目方案和预算计划，提高申请的成功率。

（六）知识产权质押融资

知识产权质押融资是指企业以其合法拥有的知识产权作为质押物，向金融机构申请贷款的一种融资方式。文化创意产业具有丰富的知识产权资源，如著作权、商标权、专利权等，可以通过知识产权质押融资获得资金支持。

政府可以出台相关政策，鼓励金融机构开展知识产权质押融资业务，建立知识产权评估、交易、质押等服务平台，为文化创意企业提供便捷的融资渠道。

---

① 沈小虎．新时代背景下文化创意产业的竞争力研究［J］．市场周刊，2023，36（10）：52-55.

第二节　文化创意产业品牌的打造与传播

一、文化创意产业品牌的基本介绍

（一）定义

文化创意产业品牌是指在文化创意产业领域中，具有独特的文化价值、创意理念和市场识别度的品牌标识。它涵盖了文化产品、服务以及相关企业的整体形象和声誉。文化创意产业品牌不仅是一个名称或标志，更是一种综合了文化内涵、创意表现、品质保证和市场价值的象征。例如，迪士尼是全球著名的文化创意产业品牌。它以丰富的动画形象、精彩的主题公园和多元化的娱乐产品，传递着欢乐、梦想和创新的文化价值。

（二）特征

1. 文化性

文化是文化创意产业品牌的核心要素。品牌通常蕴含着特定的文化背景、价值观和审美观念。这种文化性使得品牌具有深厚的底蕴和独特的魅力，能够引起消费者的情感共鸣。

2. 创意性

创意是文化创意产业品牌的灵魂。品牌通过不断地创新和突破，推出新颖的产品、服务和体验，以满足消费者日益变化的需求和审美。创意性使得品牌具有高度的差异化和竞争力。例如，苹果公司在科技与设计领域的不断创新，使其成为全球最具价值的品牌之一。在文化创意产业中，品牌的创意性可以体现在内容创作、艺术表现、商业模式等多个方面。

3. 高附加值

文化创意产业品牌往往具有较高的附加值。这是因为品牌所提供的产品和服务不仅具有实用功能，还具有文化、艺术和情感价值。消费者愿意为这种高附加值的产品和服务支付更高的价格。例如，一些高端的艺术收藏品、限量版的文化创意产品等，其价格往往高于普通商品，这就是品牌高附加值的体现。

4. 市场识别度高

一个成功的文化创意产业品牌具有较高的市场识别度。消费者能够通过品牌的名称、标志、风格等特征迅速识别和区分不同的品牌。高市场识别度有助于品牌在激烈的市场竞争中脱颖而出，吸引消费者的关注和选择。例如，可口可乐的红色标志和独特的瓶身设计，在全球范围内都具有极高的市场识别度。

二、文化创意产业品牌打造与传播的重要性

（一）有助于提升文化创意产品的附加值

文化创意产业的核心在于创意和创新，其产品往往具有独特的文化内涵和艺术价值。然而，在市场上，这些产品很容易被模仿和复制。通过打造品牌，可以赋予产品独特的标识和个性，使其在众多同类产品中脱颖而出。品牌所代表的不仅是产品本身，更是一种品质保证、一种文化价值的传递。当一个产品能深深吸引消费者的目光，打动消费者的内心，其对于文化创意产业的发展必然会有积极的推动作用①。消费者在购买品牌产品时，往往愿意为其支付更高的价格，因为他们相信品牌所带来的价值和体验。例如，故宫文创品牌将古老的故宫文化与现代时尚元素相结合，推出了一系列独具特色的文化产品。这些产品不仅具有实用价值，更承载着深厚的历史文化底蕴，

---

① 邵煜涵. 以高等教育现代化助推文化创意产业发展［J］. 化纤与纺织技术，2024，53（3）：179-182.

其价格往往高于普通的文化产品，但消费者依然趋之若鹜。

（二）有利于增强企业的核心竞争力

在文化创意产业中，企业面临着激烈的市场竞争。要想在竞争中立于不败之地，就必须打造具有强大影响力的品牌。一个成功的品牌可以为企业带来众多优势，如较高的市场知名度、良好的口碑、稳定的客户群体等。这些优势可以帮助企业吸引更多的资源，包括人才、资金、合作伙伴等，从而进一步提升企业的创新能力和市场开拓能力。同时，品牌也是企业的无形资产，具有巨大的商业价值。随着品牌的不断发展和壮大，企业的核心竞争力也会不断增强。例如，迪士尼作为全球知名的文化创意产业品牌，凭借其强大的品牌影响力，在影视制作、主题公园、周边产品等多个领域取得了巨大的成功。

（三）有助于推动文化创意产业的可持续发展

文化创意产业的发展离不开创新和传承。通过打造品牌，可以将优秀的文化创意产品和理念推广到更广泛的人群中，促进文化的传播和交流。品牌的成功也会激励更多的企业和个人投入到文化创意产业中，推动产业的不断创新和发展。同时，品牌的可持续发展也需要企业不断地进行创新和改进，以适应市场的变化和消费者的需求。这种创新和改进不仅有助于提升品牌的竞争力，也有助于推动整个文化创意产业的可持续发展。例如，一些传统的手工艺品牌通过不断创新和品牌打造，将古老的手工艺传承下来，并赋予其新的时代内涵，使其在现代社会中焕发出新的活力。

（四）有助于提升国家文化软实力

文化创意产业品牌是国家文化的重要载体，它代表着一个国家的文化特色和创新能力。一个具有国际影响力的文化创意产业品牌，可以向世界展示其国家的文化魅力和创新实力，提升其国家的文化软实力。例如，韩国的流行文化品牌在全球范围内的成功，不仅为韩国带来了巨大的经济收益，也提升了韩国的国际形象和文化影响力。

三、文化创意产业品牌打造的策略

（一）明确品牌定位

品牌定位是品牌打造的基础。文化创意产业企业需要深入了解目标市场和消费者需求，以确定自己的品牌独特价值和核心竞争力。例如，如果企业专注于动漫产业，则可以根据不同的年龄层次、题材类型等进行细分定位。对于青少年群体，可以打造充满冒险、奇幻元素的动漫品牌；对于成人观众，可以推出具有深刻社会主题和艺术风格的动漫作品。通过明确的品牌定位，企业能够在消费者心中树立清晰的品牌形象，提高品牌的辨识度。

（二）注重创意与创新

文化创意产业的核心在于创意和创新。企业要不断挖掘新的创意灵感，推出独特的文化产品和服务。这可以从内容创新、形式创新、技术创新等多个方面入手。例如，在影视制作中，可以采用新颖的叙事手法、独特的视觉效果；在设计领域，可以结合新材料、新工艺，创造出别具一格的产品。同时，企业还应鼓励员工的创新思维，建立创新激励机制，营造良好的创新氛围。

（三）提升产品品质

高品质的产品是品牌打造的关键。文化创意产业的产品往往具有较高的艺术性和文化内涵，因此对品质的要求更为严格。企业要在产品的策划、制作、包装等各个环节严格把关，确保产品符合消费者的期望。例如，一本精美的图书，不仅要有精彩的内容，还要在装帧设计、印刷质量等方面做到精益求精。此外，企业还可以通过建立质量管理体系、引入国际标准等方式，不断提升产品品质。

（四）培养品牌文化

品牌文化是品牌的灵魂，能够增强消费者对品牌的认同感和忠诚度。文化创意产业企业可以通过挖掘自身的历史、文化、价值观等，塑造独特的品牌文化。例如，一些老字号的文化创意企业，可以传承和弘扬传统的工艺和文化，打造具有深厚历史底蕴的品牌文化。同时，企业还可以通过举办文化活动、开展公益事业等方式，传播品牌文化，提升品牌的社会形象。

（五）建立品牌形象识别系统

品牌形象识别系统包括品牌名称、标志、包装、广告等元素，能够帮助消费者快速识别和记忆品牌。企业要设计一个简洁、富有创意的品牌名称和标志，使其具有较高的辨识度和美感。在包装设计上，要注重与品牌风格的统一，体现出品牌的特色和品质。广告宣传要突出品牌的核心价值和个性，吸引消费者的注意力。通过建立完善的品牌形象识别系统，企业能够在市场中树立统一、鲜明的品牌形象。

（六）提供优质的客户服务

优质的客户服务能够提高消费者的满意度和忠诚度。文化创意企业要注重与消费者的沟通和互动，及时了解消费者的需求和反馈，为消费者提供个性化的服务。例如，在电商平台上，企业可以提供快速的物流配送、贴心的售后服务；在文化场馆中，企业可以设置导览服务、互动体验区等，为消费者提供更好的参观体验。通过优质的客户服务，企业能够树立良好的品牌形象，赢得消费者的口碑和信任。

四、文化创意产业品牌传播的策略

（一）利用社交媒体平台进行传播

社交媒体平台已经成为品牌传播的重要渠道之一。文化创意产业品牌可以利用微博、微信、抖音、小红书等社交媒体平台，与目标受众进行互动和沟通，传播品牌形象和产品信息。

1. 内容创作

在社交媒体平台上，内容是吸引用户关注和参与的关键。文化创意产业品牌可以创作有趣、有价值、富有创意的内容，如艺术作品展示、音乐视频、创意设计案例等，吸引用户的关注和分享。同时，品牌还可以结合热点话题和事件，进行创意营销，提高品牌的曝光度。

2. 互动与参与

社交媒体平台的互动性强，品牌可以通过举办线上活动、问答、投票等方式，与用户进行互动与参与，增强用户的黏性和忠诚度。例如，一些音乐品牌会在社交媒体平台上举办线上音乐会、粉丝互动活动等，吸引用户的参与和关注。

3. 合作与推广

品牌可以与社交媒体平台上的网红、博主、意见领袖等进行合作，进行品牌推广和产品宣传。他们具有较高的影响力和粉丝基础，能够帮助品牌快速扩大品牌知名度和影响力。例如，一些时尚品牌会与时尚博主合作，进行新品发布和推广。

（二）举办文化活动和展览

文化活动和展览是文化创意产业品牌传播的重要方式之一。品牌可以通过举办艺术展览、音乐会、电影节、设计大赛等文化活动，展示品牌的文化内涵和创意成果，吸引目标受众的关注和参与。

1. 活动策划

在策划文化活动和展览时，品牌需要结合自身的定位和核心价值，确定活动的主题和内容。活动的策划要具有创新性、艺术性和互动性，能够吸引目标受众的关注和参与。例如，一些艺术品牌会举办主题艺术展览，邀请知名艺术家参展，同时举办艺术讲座、工作坊等活动，增强观众的参与感和体验感。

2. 合作与赞助

品牌可以与其他文化机构、艺术团体、企业等进行合作与赞助，共同举办文化活动和展览。通过合作与赞助，品牌可以扩大活动的影响力和覆盖面，同时也可以提升品牌的社会形象和知名度。例如，一些汽车品牌会赞助音乐节、艺术展览等文化活动，提升品牌的文化内涵和艺术气质。

3. 媒体宣传

在举办文化活动和展览时，品牌需要进行充分的媒体宣传，以提高活动的知名度和影响力。品牌可以通过新闻稿、社交媒体、广告等方式，向目标受众宣传活动的信息和亮点，吸引他们的关注和参与。同时，品牌还可以邀请媒体记者参加活动，进行现场报道和采访，扩大活动的传播范围。

（三）拓展线下渠道进行传播

除了线上渠道，线下渠道也是文化创意产业品牌传播的重要方式之一。品牌可以通过开设实体店、参加展会、举办路演等方式，拓展线下渠道，传播品牌形象和产品信息。

1. 实体店

开设实体店是品牌拓展线下渠道的重要方式之一。实体店不仅可以展示和销售品牌的产品，还可以为消费者提供体验和服务，增强品牌的亲和力和忠诚度。例如，一些时尚品牌会开设旗舰店，展示品牌的最新产品和时尚理念，同时提供个性化的购物服务和时尚咨询。

2. 展会和路演

参加展会和举办路演是品牌拓展线下渠道的另一种方式。通过文化创意产业与会展经济的融合，不仅能促进地方经济创新，加速产品市场转化，还能通过优质会展提升城市品牌和国际竞争力①。

（四）口碑营销

口碑营销是一种基于消费者口碑传播的营销方式。文化创意企业可以通过提供优质的产品和服务，赢得消费者的满意和好评。消费者在体验产品后，会通过口碑传播的方式，向身边的人推荐品牌和产品。例如，海底捞以其优质的服务和美味的火锅，赢得了消费者的广泛赞誉。消费者在体验海底捞的服务后，会主动向身边的人推荐，从而扩大了品牌的影响力。

---

① 侯平平. 文化创意产业与会展经济融合发展的策略探析［J］. 商展经济，2024（13）：4-7.

第三节　文化创意产业的跨界融合发展

一、文化创意产业与农业跨界融合发展

（一）文化创意产业与农业跨界融合的意义

1. 提升农产品附加值

通过将文化创意元素融入农产品的生产、加工和销售环节，可以赋予农产品更多的文化内涵和艺术价值，从而提升农产品的附加值。例如，将农产品进行创意包装设计，或者结合地方文化特色打造特色农产品品牌，都能够提高农产品的市场竞争力和价格水平。

2. 拓展农业发展空间

文化创意产业与农业的跨界融合，可以拓展农业的发展空间，推动农业向多元化、特色化和高端化方向发展。例如，发展创意农业旅游、农业文化体验、农业科普教育等新型农业业态，能够吸引更多的游客和消费者，促进农业与旅游业、文化产业等的融合发展。

3. 促进农村经济繁荣

文化创意产业与农业的跨界融合，能够为农村经济带来新的增长点，促进农村经济的繁荣。一方面，文化创意产业的发展可以带动相关产业的发展，如农产品加工、包装设计、物流配送等，增加农村的就业机会；另一方面，文化创意产业的高附加值和高回报率，能够为农村经济带来更多的经济效益，提高农民收入水平。

4. 保护和传承农业文化

农业文化是中华民族传统文化的重要组成部分，文化创意产业与农业的

跨界融合，可以更好地保护和传承农业文化。通过挖掘和整理农业文化资源，将其与现代文化创意元素相结合，可以打造出具有地方特色和民族特色的农业文化产品和服务，让更多的人了解和认识农业文化，增强民族文化自信。

（二）文化创意产业与农业跨界融合的模式

1. 农业文化创意产品开发

农业文化创意产品开发是将农业文化元素与现代创意设计相结合，开发出具有地方特色和文化内涵的农产品、手工艺品、纪念品等。例如，将传统的农产品进行创意包装设计，或者利用农产品加工剩余物制作手工艺品。这既能够提高农产品的附加值，又能够传承和弘扬农业文化。

2. 农业科普教育

农业科普教育是将农业知识与科普教育相结合，通过建设农业科普基地、开展农业科普活动等方式，向公众普及农业科学知识和文化。例如，建设农业科技馆、农业博物馆、农业示范园等，让公众在参观和学习的过程中，了解农业的发展历程、生产技术和文化内涵。

3. 农产品品牌建设

农产品品牌建设是将文化创意元素融入农产品品牌的塑造和推广过程中，打造具有地方特色和文化内涵的农产品品牌。例如，通过挖掘农产品的历史文化背景、地域特色和品质优势，设计独特的品牌标识和包装，进行品牌宣传和推广，提高农产品的品牌知名度和美誉度。

（三）文化创意产业与农业跨界融合的发展策略

1. 加强政策支持

政府应出台相关政策，鼓励和支持文化创意产业与农业的跨界融合发展。加大对创意农业旅游、农业文化创意产品开发、农业科普教育等项目的扶持力度，提供财政补贴、税收优惠、土地保障等政策支持。同时，加强对农业文化遗产的保护和传承，为文化创意产业与农业的跨界融合发展提供良好的政策环境。

2. 培养专业人才

文化创意产业与农业的跨界融合发展需要既懂农业又懂文化创意的专业人才。政府和企业应加强对专业人才的培养和引进，通过开展培训、交流、合作等方式，提高从业人员的专业素质和创新能力。同时，鼓励高校和科研机构开设相关专业课程，培养适应文化创意产业与农业跨界融合发展需求的专业人才。

3. 创新融资渠道

文化创意产业与农业的跨界融合发展需要大量的资金投入。政府应引导金融机构加大对文化创意产业与农业跨界融合项目的支持力度，创新融资渠道和方式，如设立专项基金、开展股权融资、债券融资等。同时，鼓励社会资本参与文化创意产业与农业的跨界融合发展，形成多元化的投资格局。

4. 加强品牌建设

品牌建设是文化创意产业与农业跨界融合发展的关键。政府和企业应加强对农产品品牌的建设和推广，打造具有地方特色和文化内涵的农产品品牌。通过品牌建设，提高农产品的附加值和市场竞争力，推动农业向品牌化、高端化方向发展。立足于乡村文化产业的发展现状和市场前景，充分挖掘乡土文化特质、传承优秀文化基因、淬炼乡村文化品牌、发展乡村文化创意产业、激活乡村文化的强劲生命力、提升数字乡村文化产业的市场价值[①]。

5. 推动科技创新

科技创新是文化创意产业与农业跨界融合发展的重要支撑。政府和企业应加大对农业科技创新的投入力度，推动农业生产技术、加工工艺、包装设计等方面的创新。同时，加强对互联网、大数据、人工智能等现代信息技术的应用，推动农业与文化创意产业的深度融合。

---

① 杨洁. 数字技术赋能乡村文化振兴的作用机理、制约因素与推进路径［J］. 党政干部学刊，2024（7）：39-46.

二、文化创意产业与旅游业跨界融合发展

（一）文化创意产业与旅游业跨界融合的模式

1. 文化旅游演艺模式

文化旅游演艺是将文化创意与旅游演艺相结合，打造出具有地方特色和文化内涵的旅游演艺产品。这种模式通过舞台表演、音乐、舞蹈、杂技等艺术形式，展现当地的历史文化、民俗风情和自然风光，为游客带来一场视觉和听觉的盛宴。例如，桂林的《印象·刘三姐》、杭州的《宋城千古情》等都是文化旅游演艺的成功案例。

2. 文化主题公园模式

文化主题公园是将文化创意与主题公园相结合，打造出具有特定文化主题的旅游景区。这种模式通过建设主题公园、游乐设施、表演场馆等，为游客提供一个集观光、娱乐、休闲、购物于一体的旅游场所。例如，迪士尼乐园、环球影城等都是文化主题公园的成功案例。

3. 特色文化街区模式

特色文化街区是将文化创意与城市街区相结合，打造出具有地方特色和文化氛围的旅游街区。这种模式通过对城市街区的改造和升级，引入文化创意产业、特色餐饮、手工艺品店等，为游客提供一个体验当地文化、品尝特色美食、购买旅游纪念品的场所。例如，北京的南锣鼓巷、成都的宽窄巷子等都是特色文化街区的成功案例。

4. 文化创意旅游商品模式

文化创意旅游商品是将文化创意与旅游商品相结合，打造出具有地方特色和文化内涵的旅游商品。这种模式通过对旅游商品的设计、开发和营销，将当地的文化元素融入旅游商品中，使其更具吸引力和竞争力。例如，故宫文创产品、云南的民族手工艺品等都是文化创意旅游商品的成功案例。

5. 文化主题酒店模式

文化主题酒店是将文化创意与酒店经营相结合，打造出具有特定文化主题的酒店。这种模式通过对酒店的装修、服务、餐饮等方面进行文化创意设计，为游客提供一个体验当地文化、享受舒适住宿的场所。例如，杭州的法云安缦酒店、丽江的悦榕山庄等都是文化主题酒店的成功案例。

（二）文化创意产业与旅游业跨界融合的发展策略

文化创意产业与旅游业的跨界融合是推动经济和文化发展的重要途径。以下是促进文化创意产业与旅游业跨界融合的五大发展策略：

1. 打造特色文旅产品

结合地域文化特色，开发具有独特文化价值的旅游产品和服务。例如，可以利用地方的历史故事、民间传说等文化资源，开发主题旅游路线和体验活动。让游客在享受旅游乐趣的同时，深入了解和体验当地文化。

2. 提升旅游服务文化内涵

在旅游服务中融入更多文化元素，提升旅游服务的文化内涵和品质。这包括在旅游区提供文化讲解、文化表演、文化体验等服务，以及在旅游酒店和餐饮服务中融入地方文化特色。让游客在享受服务的同时，感受到浓厚的文化氛围。文化创意产业与旅游景点的融合，可以推动文化产品与旅游服务的创新，为消费者提供更加丰富多样的体验①。

3. 推动文旅产业数字化转型

利用现代信息技术，如虚拟现实（VR）、增强现实（AR）、4D/5D影院等，为游客提供沉浸式的文化旅游体验。例如，可以开发数字化的旅游展览、虚拟旅游项目，让游客通过高科技手段体验地方文化和历史场景。

4. 加强文创产品的开发与营销

开发与旅游地相关的文创产品，如纪念品、艺术品、地方特产等，并通

---

① 王燊成. 建设全国统一大市场背景下的文旅融合发展——基于社会政策耦合性分析视角 [J]. 开放导报，2024（4）：86-94.

过线上线下渠道进行营销。文创产品不仅能够增加旅游地的经济效益，还能够传播和推广地方文化。

5. 促进区域文旅融合发展

通过跨区域合作，整合不同地区的文化旅游资源，打造文化旅游带或文化旅游圈，还可以通过建立区域文化旅游合作组织、开展文化旅游节庆活动、推动文化旅游项目合作等方式实现。

三、文化创意产业与制造业跨界融合发展

（一）文化创意产业与制造业跨界融合的模式

1. 设计融合

设计融合是文化创意产业与制造业融合的重要环节。通过将文化创意设计融入制造业产品设计中，可以提升产品的外观造型、功能结构和用户体验，满足消费者的个性化需求。例如，苹果公司将简约时尚的设计理念融入电子产品设计中，打造出了具有极高品牌价值和市场竞争力的产品。

2. 品牌融合

制造业是第二产业的主体，因此，应特别重视文化创意产业对制造业的作用①。品牌是企业的核心竞争力之一，文化创意产业与制造业的融合可以通过品牌建设来实现。制造业企业可以借助文化创意产业的品牌策划和营销能力，打造具有文化内涵和个性特色的品牌形象，提高品牌的知名度和美誉度。同时，文化创意企业也可以与制造业企业合作，共同打造品牌，实现资源共享和优势互补。

3. 技术融合

技术创新是推动产业发展的重要动力，文化创意产业与制造业的融合可以促进技术的交流与合作。制造业企业可以引入文化创意产业的数字技术、

---

① 杨鹏．文化创意产业：驱动经济增长的新动力［J］．文化产业，2024（27）：58-60.

虚拟现实技术等，提升产品的设计和生产效率；文化创意企业也可以借鉴制造业的先进制造技术，实现创意的产业化和规模化。例如，3D 打印技术的应用，为文化创意产品的生产提供了新的途径。

4. 营销融合

营销是连接企业与消费者的桥梁，文化创意产业与制造业的融合可以通过营销创新实现。制造业企业可以借助文化创意产业的营销渠道和创意营销手段，拓展市场空间，提高产品的销售量；文化创意企业也可以与制造业企业合作，开展联合营销活动，扩大品牌的影响力。例如，文化创意企业与制造业企业合作举办产品发布会、展览展示等活动。

（二）文化创意产业与制造业跨界融合的发展策略

1. 建立政策支撑体系，营造创意创新环境

完善配套的法律法规政策和有力度的贯彻执行，是产业融合视角下制造业发展循环经济，并最终实现包括环境效益、社会效益、经济效益等在内的综合效益的保证。国务院《关于推进文化创意和设计服务与相关产业融合发展的若干意见》和《关于加快发展生产性服务业促进产业结构调整升级的指导意见》的出台，表明文化创意产业与相关产业的融合发展已成为我国的国家战略。国家支持基于新技术、新工艺、新设备、新材料的应用设计和文化内涵开发，重视产品实用功能与审美性的提升，推动文化创意和设计服务渗透到制造业的产品生产、销售流通、宣传推广等全过程。因此，我国应加快制定和出台制造业与文化创意产业融合相关的法律法规和标准细则；建立鼓励产业融合发展的财政税收、产业投资、金融、价格和收费等激励引导政策；加强对发明专利等知识产权的运用和保护，促进知识产权转化和合理有效流通；健全创意创新激励保障机制，营造鼓励创新、宽容失败的文化创意氛围，培育大众的创新创造意识。

2. 强化技术支撑体系，加深文化与科技的融合程度

创意、创新是制造业发展循环经济的动力，也对产业融合起着重要的引

领作用。为彻底改变我国制造业的线性经济模式，我国制造业应建立以企业为主体、政府支持的技术支撑体系，调整产业技术结构。一方面，增加先进技术，特别是尖端技术的比重。我国制造业应强化由替代技术、减量技术、再利用技术、资源化技术和系统化技术构成的循环经济技术支撑体系，研发先进的清洁生产技术、低品位原料及燃料的利用技术和工业废物的资源化技术，研发绿色、环保和节能型产品；另一方面，增加设计、工艺等知识形态技术的比重。我国制造业应广泛传播创意理念，大力培养创意阶层，努力增强功能设计和外观设计等创意设计能力，提高创意工艺水平，用创意工艺取代落后的生产工艺，提升产品和服务的文化内涵。

3. 完善服务支撑体系，促进产业结构调整升级

从文化创意产业和制造业之间的关系来看，文化创意产业是文化资源的主要载体，而制造业则是文化产品和服务的主要载体[①]。我国应建立由行政管理部门、行业协会和科研院所、专业化服务公司组成的服务支撑体系。

首先，政府可以考虑建立为制造业与文化创意产业融合发展提供引导和服务的行政管理部门，加强相关部门的沟通与合作，提高服务效率和质量。

其次，应充分发挥行业协会和科研院所的服务功能，并加强监督管理。行业协会应加强政策研究，为政府有关部门实施宏观调控和制定政策提供信息和建议；大力推广标准化，协助做好试点工作，并总结、推广典型经验；同时，加强宣传和培训工作，引导全行业进一步增强环保、创新意识，协调行业共性、关键性技术的研发、引进、推广、咨询和服务工作，推进企业技术进步，发挥行业协会为政府和企业提供双向服务的桥梁作用。科研院所应调整教育机制和培养方向，大力培育创意阶层，积极与协会、企业、市场和媒体合作，发挥其服务功能。

最后，我国还应培育和扶持一批为推动制造业与文化创意产业融合发展

---

① 田忻. 文旅融合下甘肃文化创意产业促进经济高质量发展路径研究 [J]. 商展经济，2024 (14)：66-70.

提供规划、设计、建设、运营、改造的专业化服务公司，鼓励发展促进产业融合的信息服务业。通过加深产业链的横向、纵向协作，加强产业间的融会贯通，促进我国制造业从产品制造向以提供服务为中心的高端产业链升级。

第四节　文化创意产业的网络化发展

一、文化创意产业网络化发展的优势

（一）拓展市场范围

网络的无边界性使得文化创意产业能够突破传统的地域限制，将产品和服务推向全球市场。无论是音乐、电影、文学作品还是艺术设计，都可以通过网络平台迅速传播到世界各个角落。例如，一部优秀的网络小说可以在短时间内吸引来自不同国家和地区的读者，一个精彩的网络视频可以获得全球范围内的观众。这种广泛的市场覆盖不仅提升了产品的曝光度，还为文化创意企业带来了更多的商业机会。传统的文化创意产业往往受限于地理位置和发行渠道，而网络化发展则打破了这些限制，让更多的人有机会接触和欣赏到各种创意作品。我国文化创意产业应朝着数字化和网络化的方向发展，以强大的智能化计算机平台为支撑，采用更加智能化的手段，将高新科技融入文化创意，在创意、编排等环节全程实现数字化和系统化[①]。

（二）降低营销成本

传统的营销方式通常需要投入大量的资金用于广告宣传、活动策划等方面。而在网络时代，文化创意产业可以利用社交媒体、在线平台等进行低成

---

① 黄晓懿. 中国文化创意产业的经济、技术、社会三维分析及对策建议［J］. 时代经贸，2024，21（9）：184–186.

本的营销推广。企业可以通过建立官方网站、社交媒体账号等方式，直接与消费者进行互动和沟通，发布产品信息、举办线上活动，吸引用户的关注。同时，网络口碑传播的力量也不容小觑。消费者的好评和推荐可以迅速在网络上扩散，为企业带来更多的潜在客户。此外，网络广告的投放也更加精准。它可以根据用户的兴趣、年龄、地域等因素进行定向投放，提高营销效果的同时也能降低成本。

（三）提高创新效率

网络为文化创意产业提供了丰富的资源和交流平台，极大地提高了创新效率。创意人才可以通过网络获取各种灵感和信息，了解不同地区的文化特色和市场需求。同时，他们还可以与全球各地的同行进行交流合作，分享创意和经验，共同推动产业的创新发展。例如，设计师可以通过在线设计展示自己的作品，并与其他设计师进行交流和切磋，从而不断提升自己的设计水平。此外，网络技术的发展也为文化创意产业带来了新的创新手段，如虚拟现实、增强现实等技术的应用，为用户带来更加丰富和沉浸式的体验。

（四）增强用户参与度

网络化发展使得文化创意产业能够更加便捷地与用户进行互动，增强用户的参与度。用户可以通过网络平台对文化创意产品进行评价、反馈和建议；企业可以根据用户的意见及时调整产品和服务，满足用户的需求。同时，一些文化创意企业还通过举办线上活动、征集创意等方式，鼓励用户参与到产品的创作和推广中来。例如，一些电影制作公司会在网络上征集剧本创意，一些音乐平台会举办原创音乐大赛，让用户有机会展示自己的才华。这种用户参与的模式不仅可以提高用户的满意度和忠诚度，还可以为企业带来更多的创意和创新。

（五）促进产业融合

网络的开放性和互联互通性促进了文化创意产业与其他产业的融合发展。文化创意产业可以与科技、旅游、教育等产业相结合，创造出更多的新型业态和商业模式。例如，文化创意与科技融合产生了数字文化产业，包括网络游戏、数字影视、数字音乐等；文化创意与旅游的融合形成了文化旅游产业，如文化主题公园、历史文化街区等。文化创意产业的渗透力表现在各个行业之间和文化创意产业内部之间，它并非单一的产业，而是各门类紧密联系的有机整体。所以，对于传统产业的渗透，有利于提高其他产品和服务的水平，带动文化创意产业的结构升级①。

（六）数据驱动决策

网络平台可以收集大量的用户数据，为文化创意企业的决策提供有力支持。企业可以通过分析用户的浏览记录、购买行为、评价反馈等数据，了解用户的需求和偏好，从而制定更加精准的产品策略和营销策略。例如，根据用户的搜索关键词和浏览历史，推荐相关的文化创意产品；根据用户的消费习惯和支付能力，制定不同的价格策略。同时，数据还可以帮助企业评估产品的市场表现和用户满意度，及时调整经营策略，提高企业的竞争力。

二、文化创意产业网络化发展的模式

（一）在线创意平台模式

在线创意平台为文化创意产业的从业者和爱好者提供了一个交流、合作与展示的空间。这些平台通常涵盖了多个领域，如文学创作、艺术设计、音乐制作等。创作者可以在平台上发布自己的作品，与其他创作者互动交流，获取反馈和建议，从而不断提升自己的创作水平。同时，平台也为企业和客户提供了寻找优秀创意人才和作品的渠道。

例如，一些文学创作平台允许作者上传自己的小说、散文等作品，读者可以在线阅读、评论和分享。平台还可以通过举办各种创作比赛和活动，来激发作者的创作热情。在艺术设计领域，在线设计平台汇聚了众多设计师，

---

① 沈霞. 国际文化贸易新趋势下淮安市文化创意产业高质量发展路径研究［J］. 老字号品牌营销，2023（20）：56-60.

为客户提供各类设计方案。企业可以通过平台发布设计需求，设计师们进行投标竞争，最终选出最符合要求的方案。这种模式打破了传统的创作和合作模式，提高了资源的配置效率。

（二）网络文化社区模式

网络文化社区以共同的兴趣爱好为纽带，将文化创意产业的消费者和爱好者聚集在一起。社区成员可以分享自己对文化产品的感受和见解，推荐优秀的作品，参与讨论和互动。这种模式不仅增强了用户的黏性和忠诚度，还为文化创意企业提供了市场调研和产品推广的渠道。

例如，在一些影视社区中，用户可以讨论电影、电视剧的剧情、演员表现等，分享观影心得。社区还可以组织线下的观影活动、明星见面会等，进一步增强用户的参与感。音乐社区则为音乐爱好者提供了分享音乐、发现新音乐的平台。用户可以创建自己的音乐播放列表，与其他用户交流音乐喜好。通过网络文化社区，文化创意企业可以更好地了解用户需求，有针对性地进行产品的开发和营销推广。

（三）数字内容付费模式

随着人们对优质文化内容的需求不断增加，数字内容付费模式逐渐兴起。文化创意产业通过网络平台提供各类数字内容，如电子书、在线音乐、视频课程等，并向用户收取一定的费用。这种模式为创作者提供了稳定的收入来源，激励他们创作出更多高质量的作品。

例如，一些在线阅读平台提供大量的电子书资源，用户可以通过订阅会员或购买单本电子书的方式获取阅读权限。在线音乐平台也推出了付费会员服务，会员可以享受无广告、高品质音乐下载等特权。视频课程平台则提供各种专业知识和技能培训课程，用户付费后可以在线学习。数字内容付费模式的关键在于提供高质量、独特的内容，以满足用户的个性化需求。

（四）文创电商模式

文创电商将文化创意产品与电子商务相结合，为消费者提供了便捷的购物渠道。文化创意企业可以通过自己的官方电商平台或第三方电商平台销售各类文创产品，如手工艺品、创意礼品、文化衍生品等。

文创电商模式的优势在于能够突破传统实体店的地域限制，将产品推向更广泛的市场。同时，通过网络平台，企业可以更好地展示产品的特色和创意，吸引消费者的关注。例如，一些非遗手工艺品企业通过电商平台将传统手工艺品销售到全国各地，甚至海外市场。此外，文创电商还可以通过大数据分析了解消费者的需求和购买行为，为企业的产品开发和营销决策提供依据。

（五）直播与短视频模式

直播和短视频平台为文化创意产业提供了新的传播和营销渠道。创作者可以通过直播展示自己的创作过程、举办线上活动，与观众实时互动。短视频则以其简洁、生动的特点，成为文化创意内容传播的重要形式。

例如，一些画家可以通过直播绘画过程，吸引观众的关注，同时销售自己的绘画作品。音乐创作者可以在直播平台上举办小型音乐会，与粉丝互动。在短视频平台上，各种创意短视频层出不穷，如搞笑短剧、美食制作、旅游攻略等，为文化创意产业带来了新的创作灵感和营销机会。企业可以通过举办短视频比赛等方式，利用直播和短视频平台推广自己的产品和品牌。

三、文化创意产业网络化发展的挑战

（一）知识产权保护

网络环境下的知识产权保护是文化创意产业网络化发展面临的重要挑战之一。由于网络的开放性和便捷性，文化创意产品很容易被复制、传播和侵权。文化创意企业需要加强知识产权保护意识，采取有效的知识产权保护措施，如申请专利、商标、著作权等，维护自己的合法权益。同时，政府也需要加强知识产权保护的法律法规建设和执法力度，打击网络侵权行为。

（二）内容质量监管

网络环境下的内容质量监管也是文化创意产业网络化发展面临的重要挑战之一。由于网络的开放性和自由性，文化创意产品的内容质量参差不齐，一些不良内容和低俗内容也较容易在网络上传播。文化创意企业需要加强自律，提高内容质量，为用户提供积极健康的文化产品和服务。同时，政府也需要加强对网络文化创意产业的内容质量监管，建立健全内容审核机制和监管体系，打击不良内容和低俗内容的传播。

（三）技术创新压力

网络技术的不断创新为文化创意产业的网络化发展提供了机遇，但也带来了技术创新压力。文化创意企业需要不断跟进网络技术的发展趋势，加强技术创新和应用，提高文化创意产品的技术含量和附加值。同时，政府也需要加强对网络技术创新的支持和引导，推动文化创意产业与网络技术的深度融合。

四、文化创意产业网络化发展的对策

（一）加强知识产权保护

知识产权是文化创意产业的核心资产，网络化发展使得知识产权保护面临更大的挑战。一方面，政府要加强法律法规建设，完善知识产权保护制度，加大对侵权行为的打击力度。应制定更加严格的法律法规，明确网络环境下知识产权的界定、保护范围和侵权处罚标准，为文化创意产业的发展提供有力的法律保障。另一方面，文化创意企业要增强知识产权保护意识，采取有效的技术手段保护自己的作品。例如，采用数字水印、加密技术等防止作品被非法复制和传播。同时，企业还可以通过注册版权、商标等方式，维护自己的合法权益。

（二）提升内容质量

网络上的文化创意内容丰富多样，但质量参差不齐。为了提高文化创意产业的整体水平，需要注重提升内容质量。首先，文化创意企业要树立精品意识，加大对创意研发的投入，打造具有思想性、艺术性和观赏性的优秀作品。企业可以组建专业的创意团队，深入挖掘文化内涵，结合现代科技手段，创作出符合市场需求和消费者喜好的高质量作品。其次，政府和行业协会要加强对文化创意产业的引导和监管，建立健全内容审核机制，规范网络文化市场秩序。对于低俗、不良的内容要坚决予以取缔，鼓励和扶持优秀的文化创意作品。

（三）加强网络安全保障

网络化发展使得文化创意产业高度依赖网络平台，网络安全问题成为制约产业发展的重要因素。为了保障文化创意产业的安全稳定发展，需要加强网络安全保障措施。一方面，政府要加大对网络安全的投入，加强网络安全技术研发和人才培养，提高国家的网络安全防护能力。同时，要加强对网络运营企业的监管，要求企业落实网络安全主体责任，加强网络安全管理，保障用户的信息安全。另一方面，文化创意企业也要增强自身的网络安全意识，加强内部网络安全管理，采用先进的网络安全技术，防范网络攻击和数据泄露等风险。

（四）拓展国际市场

网络化发展为文化创意产业拓展国际市场提供了有利条件。文化创意企业要积极开拓国际市场，提升中国文化创意产业的国际影响力。一方面，企业要加强对国际市场的调研和分析，了解不同国家和地区的文化需求和消费习惯，有针对性地开发适合国际市场的文化创意产品和服务。另一方面，企业要加强国际合作与交流，与国际知名文化创意企业合作，共同开发国际市场。同时，政府也要加大对文化创意产业"走出去"的支持力度，通过政策扶持、资金补贴等方式，鼓励企业拓展国际市场。

第六章　我国文化创意产业的典型案例

在当今时代，文化创意产业如同一颗璀璨的新星，在全球经济与文化的舞台上绽放独特而耀眼的光芒。我国作为一个拥有悠久历史、丰富文化资源和庞大消费市场的国家，文化创意产业正以蓬勃之势迅速崛起。本章聚焦我国文化创意产业的典型案例，深入挖掘这些案例背后的创新理念与成功经验。

第一节　北京文化创意产业发展案例

一、798 艺术区

798 艺术区是创意者利用工业文明遗产"自上而下"形成的文化创意产业集聚区的典型代表①。它作为北京，乃至全国最具代表性的文化创意产业聚集地之一，犹如一颗璀璨的文化明珠，散发着独特的艺术魅力和创新活力。

---

① 于隽. 北京工业文化创意产业研究［M］. 北京：中国传媒大学出版社，2022：54.

（一）798 艺术区的历史背景

798 所在位置的前身，是 718 联合的厂址。1957 年，该厂由德国德绍一家建筑机构负责建筑设计和施工，是典型的包豪斯风格，在亚洲亦属罕见，它见证了新中国工业化的历程[①]。1964 年，718 联合厂被撤销，取而代之的是六家单位。21 世纪初，原来的这些分散的单位被重组，成立了"北京七星华电科技集团有限责任公司"。在后来大山子地区的规划改造中，七星集团将一部分厂房迁出，一部分进行出租。

最开始是艺术机构和艺术家承租了原来的 798 厂房，所以后来的文化创意产业园区就被命名为 798。园区独特的建筑风格、便利的交通和合理的规划，吸引了越来越多的艺术机构。他们改造了租用来的闲置厂房，并逐渐形成了规模。北京 798 艺术区，是游走在画廊、创意店铺和艺术之间的多元文化空间。

（二）798 艺术区的发展过程

2002 年，美国人罗伯特租下了 120 平方米的回民食堂，改造成前店后公司的模样。他的这一行为犹如一颗投入平静湖面的石子，激起了层层涟漪。罗伯特的举动吸引了部分艺术家的注意，他们开始关注这片被遗忘的角落，并逐渐租下厂房作为工作室或展示空间。

这些艺术家被厂房的独特空间和历史氛围所吸引，他们在这里找到了创作的灵感和自由。厂房高大的空间可以容纳大型的艺术作品，粗糙的墙面和破旧的机器成为艺术创作的背景和元素。艺术家们的到来，让这片沉寂的土地重新焕发出了生机和活力。

随着时间的推移，越来越多的艺术家聚集于此，"798"艺术家群体逐渐形成。他们来自不同的地区、不同的背景，却都怀揣着对艺术的热爱和追求。在这里，他们相互交流、相互启发，共同推动着中国当代艺术的发展。

---

① 李晓君. 理论与实践：当代文化创意产业发展研究 ［M］. 北京：北京工业大学出版社，2021：136.

798 艺术区的发展并非一帆风顺。在发展初期，它面临着诸多的困难和挑战。一方面，厂房的产权问题、基础设施的不完善以及周边环境的杂乱等问题给艺术家们的创作和生活带来了诸多不便；另一方面，艺术区的发展也引起了社会各界的关注和争议，一些人对艺术区的存在和发展提出了质疑。

然而，艺术家们并没有被这些困难所打倒，他们积极争取社会的理解和支持，同时也不断自我完善和发展。政府部门也逐渐认识到了 798 艺术区的价值和意义，开始加大对艺术区的支持和引导力度。经过多年的努力，798 艺术区逐渐走上了正轨，成为国内外知名的艺术区。

（三）798 艺术区的现状及影响力

如今，798 艺术区内有大量的画廊、艺术工作室、文化商店和餐饮服务场所等。这里已经形成了一个完整的艺术生态系统，涵盖了艺术创作、展示、销售、交流等各个环节。

画廊是艺术区的重要组成部分，这里汇聚了国内外众多的优秀艺术家和艺术作品。画廊的展览内容丰富多样，涵盖了绘画、雕塑、摄影、装置艺术等多个艺术门类。这些展览不仅为艺术家提供了展示作品的平台，也为观众带来了一场场视觉盛宴。

艺术工作室则是艺术家们创作的天地，这里充满了艺术的气息和创造力。艺术家在这里挥洒着自己的汗水和灵感，创作出一件件令人惊叹的艺术作品。一些工作室还会定期举办开放日活动，让观众有机会近距离地了解艺术家的创作过程和艺术理念。

文化商店则为游客提供了丰富多样的文化产品。这些商品既有艺术书籍、画册、明信片等传统的文化产品，也有创意十足的手工艺品、设计作品等。游客们可以在这里挑选到自己喜欢的文化产品，同时也为艺术区的发展贡献了一份力量。

餐饮服务场所则为游客提供了休息和交流的空间。这里的餐厅和咖啡馆各具特色，有的充满了艺术氛围，有的则提供了美味的食物和饮品。游客可以在这里放松身心，享受艺术与生活的完美结合。

798艺术区每年会举办众多的艺术展览、文化活动和艺术交流活动。这些活动吸引了大量国内外游客和艺术爱好者前来参观，成为北京的文化地标之一。

艺术展览是艺术区的核心活动之一。这里的展览不仅数量众多，而且质量上乘。展览的主题涵盖了当代艺术的各个领域，反映了社会的热点问题和人类的共同关切。一些展览还会邀请国内外知名的艺术家和策展人参与，提升了展览的学术水平和国际影响力。

文化活动则丰富了艺术区的文化内涵。这里的文化活动形式多样，包括音乐会、戏剧表演、文学讲座、电影放映等。这些活动不仅为观众带来了丰富的文化体验，也为不同艺术门类之间的交流和融合提供了平台。

艺术交流活动则促进了国内外艺术家之间的交流与合作。798艺术区经常举办国际艺术交流活动，邀请国外的艺术家和艺术机构来此展示作品、举办讲座和研讨会等。这些活动不仅拓宽了国内艺术家的视野，也扩大了中国当代艺术在国际上的影响力。

798艺术区对中国当代艺术的发展产生了重要的推动作用。它为艺术家提供了一个自由、开放的创作环境，激发了艺术家的创造力和创新精神。在这里，艺术家们可以不受传统观念和市场压力的束缚，自由地表达自己的艺术理念和情感。

798艺术区也为中国当代艺术的传播和推广做出了贡献。通过举办各种展览和活动，该艺术区吸引了大量国内外媒体的关注，提高了中国当代艺术的知名度和影响力。同时，艺术区也为艺术市场的发展提供了平台，有效促进了艺术作品的销售和流通。

此外，798艺术区还对城市文化建设和旅游业的发展起到了积极的促进作用。它成为北京的一张文化名片，吸引了大量国内外游客前来参观，为城市带来了可观的经济收益。同时，艺术区也为城市居民提供了一个文化休闲的好去处，丰富了人们的精神生活。

综上所述，798艺术区作为北京文化创意产业的典型代表，以其独特的历史背景、发展过程和现状影响力，展现了文化创意产业的无限魅力和发展潜力。它不仅是中国当代艺术的重要阵地，也是城市文化建设和旅游业发展的重要推动力量。

二、北京环球度假区

在需求旺盛的中国消费市场中，文化属性的消费品短缺是最为显著的市场特点。在以自然风景、游乐设施为主的传统旅游业中，这一表现尤为明显①。随着上海迪士尼乐园和北京环球度假区的火爆，中国旅游业将目光聚焦于文化属性极强的主题公园，期待借此实现突破发展。北京环球度假区，犹如一颗耀眼的明珠，在首都北京的文化旅游版图上熠熠生辉。它是全球第五座、亚洲第三座环球影城主题公园。自2021年9月20日正式对外开放以来，便以其独特的魅力和强大的吸引力，成为国内外游客向往的旅游胜地。

（一）北京环球度假区的项目概况

北京环球度假区位于北京市通州区，地理位置优越，交通便利。度假区总面积约4平方千米，规模宏大，气势磅礴。这里由小黄人乐园、哈利·波特的魔法世界、变形金刚基地、功夫熊猫盖世之地等七大主题园区组成，每个主题园区都独具特色，充满了奇幻色彩和创意元素。

小黄人乐园以其可爱的小黄人形象和欢乐的氛围吸引着众多游客。园区内充满了色彩鲜艳的建筑和装饰，让人仿佛置身于一个充满童趣的世界。游客们可以在这里与小黄人互动合影，体验各种刺激有趣的游乐项目，感受小黄人的魅力和快乐。

哈利·波特的魔法世界则将游客带入了一个神秘的魔法世界。园区内的

---

① 陈红兵. 寻找文创执行力［M］. 北京：中国科学技术出版社，2023：3.

霍格沃茨城堡高耸入云，气势恢宏，让人仿佛置身于电影的魔法世界。游客们可以在这里参观霍格沃茨魔法学校，体验魔法扫帚飞行、禁忌之旅等刺激的游乐项目，感受魔法的魅力和神奇。

变形金刚基地以其震撼的特效和刺激的游乐项目吸引着众多游客。园区内的变形金刚雕塑高大威猛，充满了科技感和力量感。游客们可以在这里与变形金刚互动合影，体验霸天虎过山车、火种源争夺战等刺激的游乐项目，感受变形金刚的强大和魅力。

功夫熊猫盖世之地是全球首个以"功夫熊猫"为主题的园区，充满了中国文化元素。园区内的建筑风格和装饰都融入了中国传统建筑元素，让人仿佛置身于一个古老的中国小镇。游客们可以在这里体验神龙大侠之旅、阿宝功夫训练营等游乐项目，感受功夫熊猫的魅力和中国文化的博大精深。

除了七大主题园区，北京环球度假区还拥有丰富的配套设施，如酒店、餐厅、商店等。度假区内的酒店各具特色，为游客提供了舒适的住宿环境。餐厅提供了各种美食，满足了游客的不同口味需求。商店则出售各种环球影城主题的商品，让游客可以将美好的回忆带回家。

（二）北京环球度假区的创意体现

北京环球度假区在园区设计和建设上，融入了大量中国元素，展现了独特的创意和魅力。

功夫熊猫盖世之地是中国元素与环球影城主题完美结合的典范。园区内充满了中国文化元素，从建筑风格到游乐项目，都体现了中国传统文化的魅力。园区内的建筑采用了中国传统的建筑风格，如飞檐斗拱、红墙黄瓦等，让人仿佛置身于一个古老的中国小镇。游乐项目也融入了中国功夫元素，在神龙大侠之旅中，游客可以跟随功夫熊猫阿宝一起展开一场惊险刺激的冒险，感受中国功夫的魅力。

在其他主题园区中，也可以看到中国元素的巧妙融入。例如，在哈利·波特的魔法世界中，园区内的商店出售各种带有中国特色的魔法商品，如中国风格的魔杖、魔法袍等。在变形金刚基地中，园区内的表演加入了中国元素的情节和角色，让游客在感受科技魅力的同时，也能领略到中国文化的独特魅力。

各个主题园区的娱乐项目和表演都具有高度的创意性和科技感。哈利·波特的魔法世界的沉浸式体验让人仿佛置身于电影中的魔法世界，游客可以通过3D眼镜和特效设备，感受到魔法的神奇和刺激。变形金刚基地的特效场景让人仿佛置身于一场激烈的战斗中，游客可以通过高速过山车和特效设备，感受到变形金刚的强大和魅力。小黄人乐园的游乐项目充满了趣味性和创意性，游客可以通过各种互动设施，感受小黄人的可爱和快乐。

此外，北京环球度假区还注重游客的体验和互动。园区内设置了众多的互动设施和表演，让游客可以参与其中，感受主题公园的魅力。例如，在功夫熊猫盖世之地中，游客可以参加阿宝功夫训练营，学习中国功夫。

（三）北京环球度假区的经济和文化影响

北京环球度假区吸引了大量游客，对北京的旅游产业和文化消费产生了巨大的推动作用。

从经济方面来看，北京环球度假区为北京带来了可观的经济收益。度假区的建设和运营带动了周边地区的基础设施建设和经济发展，促进了就业和税收的增长。同时，度假区的游客消费也为北京的商业、餐饮、酒店等行业带来了巨大的商机。北京环球度假区开业后的首个国庆假期，就吸引了大量游客前来游玩，为北京带来了大量的旅游收入。

从文化方面来看，北京环球度假区促进了文化的交流与传播，扩大了北京的国际影响力。度假区内的七大主题园区涵盖了不同国家和地区的文化元素，游客可以在这里领略到不同文化的魅力。同时，度假区也为中国文化的传播提供了平台，通过融入中国元素和举办中国文化活动，让更多的国内外游客了解和喜爱中国文化。

此外，北京环球度假区还对北京的文化创意产业发展起到了积极的推动作用。度假区的建设和运营需要大量的创意人才和技术支持，这为北京的文化创意产业提供了发展机遇。同时，度假区也为文化创意企业提供了展示和交流的平台，促进了文化创意产业的创新和发展。

综上所述，北京环球度假区作为北京文化创意产业的重要项目，以其独特的创意和魅力，对北京的旅游产业和文化消费产生了巨大的推动作用。其不仅是一个旅游胜地，更是一个文化交流与创新的平台，为北京的经济发展和文化建设作出了重要贡献。

第二节　陕西文化创意产业发展案例

一、西安曲江新区

西安曲江新区作为陕西文化创意产业发展的典型代表，以其深厚的历史文化底蕴、创新的发展理念和丰富的产业形态，在全国乃至全球范围内都产生了广泛的影响。

（一）西安曲江新区的历史文化底蕴

西安古称长安，是中华文明和中华民族重要的发祥地之一，历史上先后有十多个王朝在此建都。曲江新区位于西安市东南，是唐代著名的皇家园林所在地，有着丰富的历史文化资源。

唐代的曲江，是长安城的重要景观和文化活动中心。这里有芙蓉园、大雁塔等著名的历史遗迹，见证了唐代的繁荣与辉煌。诗人杜甫曾在《曲江二首》其一中写道："一片花飞减却春，风飘万点正愁人。且看欲尽花经眼，莫厌伤多酒入唇。江上小堂巢翡翠，苑边高冢卧麒麟。细推物理须行乐，何用浮荣绊此身。"这首诗生动地描绘了曲江的美景和当时人们在这里的生活场景。

曲江新区充分利用了这些历史文化资源，并进行了深度挖掘和创新开发，使其成为推动文化创意产业发展的重要动力。

（二）西安曲江新区的发展历程

曲江新区的发展可以追溯到 20 世纪 90 年代。当时，西安市委、市政府决定对大雁塔周边地区进行综合改造，以提升城市形象和文化品位。经过多年的努力，大雁塔周边地区的环境得到了极大改善，成为西安的一张文化名片。新区成立以来，始终坚持"文化立区、旅游兴区、产业强区"的发展理念，以文化旅游为核心，积极推动文化创意产业的发展。

在发展过程中，曲江新区不断加大对文化产业的投入，建设了一批重大文化项目。例如，大唐芙蓉园，是中国第一个全方位展示盛唐风貌的大型皇家园林式文化主题公园；大雁塔文化休闲景区，以大雁塔为核心，整合了周边的历史文化资源，打造了一个集文化、旅游、休闲为一体的综合性景区；大明宫国家遗址公园，是世界文化遗产，展示了唐代大明宫的宏伟规模和历史价值。

曲江新区还积极引进国内外知名文化企业和项目，如华侨城、万科等，不断提升文化产业的规模和质量。

（三）西安曲江新区的产业形态

曲江新区的文化创意产业涵盖了多个领域，形成了较为完整的产业链。

1. 文化旅游

曲江新区以其丰富的历史文化资源和优美的自然景观，吸引了大量国内外游客。大唐芙蓉园、大雁塔文化休闲景区、大明宫国家遗址公园等景区每年接待游客数量众多，为文化旅游产业的发展提供了坚实的基础。

为了提升游客的体验，曲江新区不断创新旅游产品和服务。推出了大型实景演出《长恨歌》《梦回大唐》等，以精彩的表演和震撼的视觉效果，展现了唐代的历史文化和艺术魅力；开发了文化旅游产品，如唐代文物复制品、特色手工艺品等，满足了游客的购物需求。

2. 影视传媒

曲江新区积极发展影视传媒产业，建设了西安曲江影视产业园。园区吸引了众多影视企业入驻，涵盖了影视制作、发行、放映等各个环节。

近年来，曲江新区出品了一批优秀的影视作品，如《白鹿原》《那年花开月正圆》等，这些作品不仅在国内获得了广泛的好评，还在国际上产生了一定的影响。同时，曲江新区还举办了西安丝绸之路国际电影节等重大活动，提升了西安在影视传媒领域的国际影响力。

3. 文化演艺

曲江新区注重文化演艺产业的发展，打造了一批具有地方特色和国际水准的演艺项目。除了前面提到的大型实景演出，还有话剧、音乐剧、歌舞剧等多种形式的演艺项目。这些演艺项目不仅丰富了游客的文化生活，也为文化创意产业的发展注入了新的活力。同时，曲江新区还积极推动演艺产业的国际化发展，与国内外知名演艺机构合作，引进优秀的演艺作品和人才。

4. 创意设计

曲江新区鼓励创意设计产业的发展，建设了西安曲江创意谷等创意产业园区。园区吸引了众多设计企业和创意人才入驻，涵盖了工业设计、平面设计、服装设计等多个领域。这些企业和人才充分发挥创意和设计优势，为文化旅游、影视传媒等产业提供了优质的设计服务。同时，曲江新区还举办了西安国际设计周等活动，为创意设计产业的发展搭建了交流合作的平台。

（四）西安曲江新区的社会影响

曲江新区的发展对陕西乃至全国的文化创意产业都产生了积极的影响。

1. 推动了文化旅游产业的发展

曲江新区的文化旅游项目吸引了大量国内外游客，提升了西安的旅游知名度和影响力。同时，也带动了周边地区的旅游发展，促进了区域经济的增长。曲江新区的文化旅游产业发展模式为其他地区提供了借鉴和参考，推动了全国文化旅游产业的发展。

2. 促进了文化传承与创新

曲江新区通过对历史文化资源的挖掘和创新开发，使古老的历史文化焕发出新的活力。同时，也为文化传承与创新提供了新的思路和方法。曲江新区的文化创意产业发展，吸引了众多年轻人参与其中，为文化传承与创新培养了新的人才。

3. 提升了城市形象和文化品位

曲江新区的文化项目和景观建设，提升了西安的城市形象和文化品位。同时，也为市民提供了一个优美的生活环境和文化休闲场所。曲江新区的发展成为西安城市建设的亮点，为西安打造成为国际化大都市做出了贡献。

二、袁家村

袁家村位于陕西省咸阳市礼泉县烟霞镇，是一个以关中民俗文化为特色的乡村旅游胜地。近年来，袁家村以其独特的发展模式和创新的文化创意，成为陕西文化创意产业发展的又一典型案例。

（一）袁家村的发展背景

袁家村地处关中平原腹地，有着悠久的历史和丰富的民俗文化资源。在过去，袁家村是一个传统的农业村庄，村民主要以种植农作物和养殖家畜为生。

随着城市化进程的加快，农村经济面临着巨大的挑战。为了寻找新的发展出路，袁家村开始探索乡村旅游发展之路。经过多年的努力，袁家村逐渐发展成为一个以关中民俗文化为特色的乡村旅游胜地。

（二）袁家村的发展模式

1. 挖掘民俗文化资源

袁家村深入挖掘关中地区的民俗文化资源，如传统的手工艺品制作、民俗表演、特色美食等。当地居民通过对这些资源的整合和创新开发，打造了一系列具有地方特色的旅游产品。

例如，袁家村的手工艺品作坊，游客可以在这里亲自体验剪纸、泥塑、织布等传统手工艺品的制作过程；民俗表演广场，每天都会有精彩的民俗表演，如秦腔、皮影戏、踩高跷等。

2. 创新经营管理模式

袁家村采用了"公司+农户"的经营管理模式。袁家村村委会成立了袁家村乡村旅游开发有限公司，负责景区的规划、建设和管理。同时，他们还鼓励村民参与旅游经营，以家庭为单位开设农家乐、小吃店、手工艺品店等。这种经营管理模式既保证了景区的统一规划和管理，又充分调动了村民的积极性和创造性。村民们在参与旅游经营的过程中，不仅增加了收入，还提高了自身的素质和能力。

3. 注重品牌建设和营销推广

袁家村非常注重品牌建设和营销推广。通过打造"袁家村"品牌，提高了景区的知名度和美誉度。同时，积极开展营销推广活动，如举办民俗文化节、美食节等活动，吸引了大量游客前来参观旅游。

袁家村还通过网络、电视、报纸等媒体进行宣传推广，扩大了景区的影响力。同时，袁家村积极与旅行社合作，推出了一系列旅游线路和产品，提高了景区的市场占有率。

（三）袁家村的产业形态

1. 乡村旅游

袁家村以乡村旅游为核心产业，打造了一个集吃、住、行、游、购、娱于一体的乡村旅游综合体。游客可以在这里体验关中地区的传统民俗文化，品尝特色美食，购买手工艺品，享受乡村生活的宁静与舒适。

袁家村的乡村旅游项目丰富多样，有民俗文化体验、乡村休闲度假、农业观光采摘等。这些项目满足了不同游客的需求，吸引了大量游客前来参观旅游。

2. 特色美食

袁家村的特色美食是其重要的旅游产品之一。这里汇聚了关中地区的各种传统美食，如油泼面、臊子面、羊肉泡馍等。这些美食以其独特的口味和制作工艺，吸引了大量游客前来品尝。

袁家村的美食街采用了统一管理的模式，保证了食品的质量和卫生。同时，鼓励商家创新经营，推出了一些新的美食产品，受到了游客的欢迎。

3. 手工艺品制作

袁家村的手工艺品制作也是其特色产业之一。这里有剪纸、泥塑、织布等传统手工艺品作坊，游客可以在这里亲身体验手工艺品的制作过程，感受传统民俗文化的魅力。

袁家村的手工艺品以其精美的制作工艺和独特的文化内涵，受到了游客的喜爱。同时，也为当地村民提供了一条增收致富的途径。

（四）袁家村的社会影响

1. 促进了农村经济发展

袁家村的发展带动了当地农村经济的发展。通过发展乡村旅游，村民们的收入得到了显著提高。同时，也促进了当地农业、手工业等产业的发展，实现了农村产业的多元化发展。袁家村的发展模式为其他农村地区提供了借鉴和参考，为农村经济的发展提供了新的思路和方法。

2. 保护和传承了民俗文化

袁家村通过对民俗文化的挖掘和创新开发，保护和传承了关中地区的民俗文化。同时，也为游客提供了一个了解和体验民俗文化的平台，促进了民俗文化的传播和交流。袁家村的民俗文化保护和传承工作得到了社会各界的广泛认可和好评，成为民俗文化保护和传承的典范。

3. 改善了农村环境和生活条件

袁家村的发展注重环境建设和生态保护。通过对村庄的改造和整治，改善了农村的环境和生活条件。同时，也为游客提供了一个优美的旅游环境。袁家村的发展模式为农村环境建设和生态保护提供了借鉴和参考，为农村的可持续发展做出了贡献。

第三节　广东文化创意产业发展案例

一、广州广报阡陌间

广州广报阡陌间犹如一颗璀璨的文化明珠，在广东的文化创意产业版图上熠熠生辉。它不仅是广州日报社向"文创产业生态投资运营商"转型的重要标志，更是广州市老旧建筑更新改造的典范之作。

（一）广州广报阡陌间的项目背景

广州广报阡陌间位于广州日报社办公旧址，这里承载着广州市报业发展的厚重历史。作为广州市报业的起源地之一，这片土地见证了无数新闻事件的发生，记录了广州这座城市的变迁与发展。

2020 年，广州日报社敏锐地洞察到文化创意产业的巨大潜力，决定对旧址进行更新改造，打造一个具有独特魅力的文创产业园区。这一决策既是对历史的尊重与传承，也是对未来的展望与创新。通过对旧址的改造，广州日报社旨在为文化创意产业提供一个优质的发展平台，推动广州市文化创意产业的蓬勃发展。

（二）广州广报阡陌间的项目特色

1. 微改造理念

在改造过程中，广州广报阡陌间秉持"不大拆大建"的微改造理念，以"绣花"功夫匠心打造。这种理念最大限度地保留了园区原有建筑格局和文化内涵，使园区既具有现代的时尚气息，又不失历史的厚重感。

园区的建筑设计师们深入研究了旧址的历史风貌和建筑特点，精心设计每一个细节。他们保留了原有的红砖外墙、木质门窗等特色元素，同时对建筑内部进行了现代化的改造，使其符合现代办公和商业的需求。

微改造理念的实施，不仅节约了资源，降低了改造成本，还为城市留下了珍贵的历史记忆。园区的改造成为广州市老旧建筑更新改造的成功案例，为其他类似项目提供了宝贵的经验。

2. 多元文化融合

广州广报阡陌间在规划设计上，将传统与现代、岭南与海派、轻奢与轻工业风相互融合，打造出了一个独具特色的文化创意空间。这种多元文化的融合，使园区既具有岭南文化的独特魅力，又融入了海派文化的时尚元素，同时还兼具现代文化的创新精神。

园区的建筑风格融合了传统岭南建筑的特色和现代建筑的设计理念。建筑的外观保留了岭南建筑的骑楼、天井等元素，内部则采用了现代化的装修风格，营造出了一种既古朴又时尚的氛围。

在文化内涵方面，园区融合了广州的本土文化和海派文化的精髓。园区内设置了多个文化展示区域，展示了广州的历史文化、民俗风情和海派文化的艺术作品，让人们在欣赏艺术的同时，也能了解到不同地域的文化特色。

3. 主城区"老旧建筑更新改造的新名片"

广州广报阡陌间以其独特的设计和丰富的文化内涵，成为主城区"老旧建筑更新改造的新名片"。园区的改造不仅提升了周边地区的环境品质，还为城市注入了新的活力。

园区的建成吸引了众多文化创意企业和人才的入驻，形成了一个充满活力的文化创意产业生态。这里汇聚了数字文化、创意设计、文化传媒等多个领域的企业，为广州市的文化创意产业发展提供了强大的动力。

园区也成为市民和游客休闲娱乐的好去处。园区内设置了多个公共空间和艺术装置，供人们欣赏和互动。这里还经常举办各种文化活动和艺术展览，丰富了人们的精神文化生活。

（三）广州广报阡陌间的发展成果

1. 产业集聚效应显著

广州广报阡陌间自 2021 年 11 月开放以来，吸引了数字文化产业的集聚。截至 2023 年 9 月，园区出租率极高。这些企业涵盖了数字内容创作、数字媒体、数字营销等多个领域，形成了一个完整的数字文化产业链。

园区的企业之间相互合作、相互促进，形成了良好的产业生态。他们共同推动了数字文化产业的创新发展，为广州市的经济发展作出了重要贡献。园区的发展也带动了周边地区的产业升级和转型。周边的商业、餐饮、酒店等行业也得到了快速发展，形成了一个以文化创意产业为核心的产业集群。

2. 就业岗位增加

广州广报阡陌间的发展为社会提供了大量的就业机会。目前，园区共提供直接就业岗位，涵盖了创意设计、数字技术、市场营销、行政管理等多个领域。这些就业岗位不仅为广州市的居民提供了稳定的收入来源，还吸引了大量的外来人才到广州发展。他们为广州市的文化创意产业注入了新的活力。

3. 经济产值提升

入驻广州广报阡陌间的企业年总产值预计可达 20 亿元以上。这些企业的发展不仅为广州市带来了可观的经济收益，还推动了广州市文化创意产业的快速发展。园区的企业通过不断创新和拓展市场，提高了自身的竞争力和盈利能力。他们的发展也为广州市的经济增长作出了重要贡献。

4. 旧址华丽蜕变

广州广报阡陌间的建成，使广州日报社办公旧址实现了华丽蜕变。曾经破旧的老建筑如今变成了充满活力的文化创意园区，成为广州市的一道亮丽风景线。

广州广报阡陌间作为广州市文化创意产业的重要项目，以其独特的项目背景、鲜明的项目特色和显著的发展成果，为广州市的文化创意产业发展作出了重要贡献。它不仅是广州市老旧建筑更新改造的成功案例，也是广州市文化创意产业蓬勃发展的生动写照。

二、深圳南头古城

深圳南头古城，犹如一部承载着历史沧桑与现代活力的史诗，在广东的文化创意产业画卷中绽放出独特的光彩。它以悠久的历史底蕴、创新的改造模式和丰富的文化活动，成为深圳城市创意文化街区的典范。

（一）深圳南头古城的项目背景

南头古城有着近 1700 年的郡县变迁史，曾是岭南重镇，也是深港澳地区的历史源头。这座古城见证了深圳的发展历程，承载着丰富的历史文化遗产。

然而，随着时间的推移，南头古城逐渐失去了往日的辉煌，面临着诸多问题，如建筑老化、环境脏乱、业态单一等。为了保护和传承南头古城的历史文化，将其打造成城市创意文化街区，深圳市南山区政府牵头成立古城保护与利用工作领导小组，推进更新改造工作。

（二）深圳南头古城的项目特色

1. 修旧如旧，重现特色风貌

在改造过程中，南头古城坚持修旧如旧的原则，对古城的建筑进行了精心修复。建筑设计师们深入研究了古城的历史风貌和建筑特点，采用传统的建筑工艺和材料，对古城的城墙、城门、庙宇、民居等建筑进行了修复和加固。对古城的街道、广场、庭院等公共空间进行了整治与美化，恢复了古城的传统风貌。如今，走进南头古城，仿佛穿越时空，回到了古代的岭南小镇。

2. 多元业态导入，激发古城活力

为了使南头古城重新焕发生机，项目团队导入了创意办公、文化展览、休闲商业、品质公寓等多元业态。这些业态的引入为古城带来了新的活力和人气。

创意办公区吸引了众多文化创意企业和设计师入驻，他们在这里开展创意设计、文化传播等工作，为古城注入了新的活力。文化展览区定期举办各种艺术展览、历史文化展览等活动，让人们在欣赏艺术的同时，了解古城的

历史文化。休闲商业区汇聚了各种特色餐厅、咖啡馆、酒吧、手工艺品店等，为游客提供了丰富的休闲娱乐选择。品质公寓则为在古城工作和生活的人们提供了舒适的居住环境。

3. 举办城市级文艺活动，建立文化创意矩阵品牌

南头古城通过举办深港城市建筑双城双年展、时尚艺术展、友谊书展、深圳设计周、深圳湾国际艺穗节、音乐生活节等多个城市级艺文活动，建立了文化创意矩阵品牌。这些活动吸引了国内外众多艺术家、设计师、文化学者等参与，为古城带来了丰富的文化资源和创新活力。这些活动也为市民和游客提供了一个了解和体验文化艺术的平台，丰富了人们的精神文化生活。南头古城成为深圳的文化艺术高地，提升了深圳的城市文化品位。

（三）深圳南头古城的发展成果

1. 成为国家文旅融合创新发展典范

南头古城的更新改造项目得到了中华人民共和国文化和旅游部的高度认可，成为国家文旅融合创新发展典范。古城通过对历史文化的保护和传承，以及对文化创意产业的培育和发展，实现了文化和旅游的深度融合。

游客们可以在这里欣赏到历史建筑的魅力，体验到文化创意的乐趣，感受到深圳的历史文化底蕴和现代创新活力。南头古城成为深圳文化旅游的新地标，为深圳的文化旅游产业发展作出了重要贡献。

2. 国家级旅游休闲街区

南头古城以其独特的历史风貌、丰富的文化业态和优质的旅游服务，被评为国家级旅游休闲街区。这里的街道、广场、庭院等公共空间充满了艺术气息和文化氛围，为游客提供了舒适的休闲环境。

古城内的特色餐厅、咖啡馆、酒吧、手工艺品店等为游客提供了丰富的休闲娱乐选择。同时，古城还提供了优质的旅游服务，如导游讲解、旅游咨询、交通指引等，让游客在游玩的过程中感受到贴心的服务。

3. 深圳首批特色文化街区之一

南头古城作为深圳首批特色文化街区之一，成为深圳城市文化的重要展示窗口。这里的历史文化、创意产业、艺术活动等吸引了众多国内外游客前来参观旅游，提升了深圳的城市知名度和美誉度。

古城的发展也为深圳的文化创意产业发展提供了新的动力和机遇。众多文化创意企业和设计师在这里汇聚，共同推动了深圳文化创意产业的创新发展。

4. 深圳文化名片

如今，南头古城已成为深圳的一张文化名片。它以其悠久的历史底蕴、独特的建筑风貌、丰富的文化业态和精彩的艺文活动，吸引了众多国内外游客前来参观旅游。

南头古城的成功改造为深圳的城市更新和文化创意产业发展提供了宝贵的经验。它也成为其他城市学习和借鉴的榜样，为推动全国的城市文化建设和文旅融合发展作出了积极贡献。

综上所述，深圳南头古城以其独特的项目背景、鲜明的项目特色和显著的发展成果，成为广东文化创意产业的一颗璀璨明珠。它不仅为深圳的文化旅游产业发展作出了重要贡献，也为全国的城市文化建设和文旅融合发展提供了新的思路和方法。

第四节　江西景德镇文化创意产业发展案例

一、陶溪川文创街区

（一）陶溪川文创街区的背景介绍

景德镇，这座承载着千年陶瓷文化辉煌历史的古老城市，在时光的长河中始终以其精美的瓷器而闻名遐迩。在当今这个充满机遇与挑战的新时代，景德镇积极顺应时代发展潮流，大力探索文化创意产业的崭新发展路径。而陶溪川文创街区，则犹如一颗璀璨的明珠，在景德镇文化创意产业的广阔天空中熠熠生辉。

陶溪川文创街区以原宇宙瓷厂为核心启动区域，这里曾是景德镇十大瓷厂之一，见证了景德镇陶瓷产业的辉煌与变迁。随着时代的更迭，瓷厂逐渐走向衰落，那些曾经热闹非凡的厂房也陷入了闲置状态。然而，正是这些看似被岁月遗忘的老厂房，却蕴含着无尽的价值与潜力。为了充分盘活这些珍贵的工业遗产，景德镇政府与相关企业携手合作，共同开启了一场对宇宙瓷厂的全面改造之旅。

在改造过程中，他们始终秉持着对历史的尊重与敬畏之情，充分尊重原有建筑的历史风貌和空间格局，小心翼翼地保留了老厂房的烟囱、窑炉等标志性建筑。这些建筑仿佛是岁月的见证者，承载着景德镇陶瓷产业的历史记忆。同时，他们也对厂房内部进行了现代化的精心改造，使其能够完美适应文化创意产业的发展需求。在对整个街区进行规划时，更是运用了科学的方法和前瞻性的思维，并合理划分出不同的功能区域，如充满创意活力的陶瓷创意工作室、艺术氛围浓厚的艺术展览区、舒适惬意的文化休闲区等，为文化创意产业的蓬勃发展搭建了一个多元化的平台。

（二）陶溪川文创街区的发展历程

1. 厂房改造与规划

原宇宙瓷厂作为景德镇陶瓷产业的重要象征，其老厂房不仅只是建筑实体，更是历史与文化的载体。在对其进行改造时，改造团队深入研究了厂房的历史背景和建筑特点，制定了详细而周全的改造方案。一方面，保留老厂房的外观风貌，让那些饱经岁月沧桑的红砖墙、黑瓦片得以延续历史的韵味。另一方面，对内部空间进行重新布局和设计，引入现代化的设施和设备，使其具备满足文化创意产业发展的功能需求。例如，将宽敞的厂房改造成明亮的陶瓷创意工作室，为艺术家和设计师们提供了充足的创作空间；将废弃的仓库改造成时尚的艺术展览区，为各类艺术展览和文化活动提供了理想的场地。

对整个街区的规划也充分考虑了文化创意产业的发展趋势和需求。通过科学合理的规划，将不同功能区域有机地结合在一起，形成了一个相互促进、协同发展的整体。在陶瓷创意工作室区域，汇聚了众多国内外的陶瓷艺术家和创意人才，他们在这里交流思想、碰撞创意，共同推动陶瓷创意产业的发展。艺术展览区则定期举办各类高水准的艺术展览，吸引了大量的艺术爱好者和游客前来参观，提升了陶溪川的知名度和影响力。文化休闲区则为人们提供了一个放松身心、享受文化生活的好去处，这里有特色咖啡馆、创意书店、文艺小店等，让人们在品位文化的同时，也能感受到生活的美好。

2. 产业引入与培育

陶溪川积极主动地引入各类文化创意企业和艺术机构，为街区的发展注入了源源不断的活力。其中，陶瓷设计工作室是陶溪川的重要组成部分。这些工作室会聚了一批具有创新思维和精湛技艺的陶瓷设计师，他们将传统的陶瓷工艺与现代的设计理念相结合，创造出了许多既有传统文化内涵又符合现代审美需求的陶瓷作品。艺术家工作室则为艺术家们提供了一个自由创作的空间，他们在这里可以尽情地发挥自己的创造力，创作出独具个性的艺术作品。创意工坊则为人们提供了一个亲身体验陶瓷制作的场所，让人们在动手制作的过程中，感受陶瓷文化的魅力。画廊则为艺术家们提供了一个展示和销售作品的平台，促进了艺术市场的繁荣发展。

在引入产业的同时，陶溪川也非常注重产业的培育和发展。通过举办各类陶瓷创意大赛、艺术展览、文化活动等，为入驻企业和艺术家提供了展示和交流的平台。这些活动不仅吸引了大量的观众和参与者，也为企业和艺术家带来了更多的机会和资源。例如，陶瓷创意大赛激发了设计师们的创新热情，推动了陶瓷创意产业的发展；艺术展览则为艺术家们提供了展示作品的机会，提升了他们的知名度和影响力；文化活动则丰富了人们的文化生活，营造了良好的文化氛围。此外，陶溪川还积极与国内外的艺术机构、高校等建立合作关系，开展学术交流、人才培养等活动，为产业的发展提供了智力支持和人才保障。

3. 品牌建设与推广

陶溪川深刻认识到品牌建设的重要性，通过打造独特的品牌形象和文化内涵，不断提升品牌的价值和竞争力。在品牌形象塑造方面，陶溪川注重将传统与现代、文化与时尚相结合，打造出了一个既具有历史底蕴又充满活力的品牌形象。例如，在街区的建筑设计上，保留了老厂房的历史风貌，同时融入了现代的设计元素，使其既具有传统的美感又符合现代的审美需求。在品牌文化内涵方面，陶溪川以陶瓷文化为核心，融入了创新、时尚、艺术等元素，形成了一种独特的品牌文化。这种品牌文化不仅体现了陶溪川的特色和魅力，也为品牌的传播和推广提供了有力的支撑。

在品牌推广方面，陶溪川积极利用互联网、社交媒体等新媒体平台，进行广泛的宣传和推广。通过发布精彩的图片、视频、文章等内容，吸引了大量的粉丝和关注者。同时，还与国内外的知名艺术机构、高校等建立合作关系，举办各类文化交流活动，扩大了陶溪川的国际影响力。例如，与国际知名的艺术机构合作举办艺术展览，邀请国内外的艺术家和学者来陶溪川进行交流和讲学，提升了陶溪川的国际知名度和美誉度。此外，陶溪川还积极参加国内外的各类文化创意产业展会和活动，展示自己的品牌形象和文化创意产品，拓展了市场渠道和合作机会。

（三）陶溪川文创街区的特色与创新

1. 工业遗产保护与利用

陶溪川在发展过程中，充分认识到工业遗产的价值，并将老厂房的保护与利用作为重要的发展策略。工业遗产是历史的见证，是文化的瑰宝，它们承载着城市的记忆和人们的情感。陶溪川通过对老厂房的保护和改造，不仅保留了景德镇的历史记忆和文化底蕴，也为文化创意产业的发展提供了独特的空间和资源。

在保护工业遗产方面，陶溪川采取了一系列有效的措施。首先，对老厂房进行了全面的修缮和维护，确保其结构安全和历史风貌的完整性。其次，制定了严格的保护制度和管理规定，加强对工业遗产的保护和管理。再次，积极开展工业遗产的研究和宣传工作，提高人们对工业遗产的认识和保护意识。在利用工业遗产方面，陶溪川充分发挥老厂房的空间优势和历史价值，将其改造成各种文化创意场所。例如，利用老厂房的历史背景和文化内涵，开展各种文化活动和旅游项目，如工业遗产旅游、陶瓷文化体验等，为人们提供了一种独特的文化体验。

2. 创意与传统融合

陶溪川将现代创意与传统陶瓷文化相融合，打造出了具有独特魅力的文化创意产品。传统陶瓷文化是景德镇的瑰宝，它蕴含着丰富的历史、文化和艺术价值。而现代创意则是文化创意产业发展的动力源泉，它能够为传统陶瓷文化注入新的活力和元素。陶溪川将两者有机地结合在一起，创造出了既具有传统文化内涵又符合现代审美需求的陶瓷作品。

在创意与传统融合的过程中，陶溪川注重发挥艺术家和设计师的作用。这里汇聚了众多国内外的陶瓷艺术家和创意人才，他们将传统的陶瓷工艺与现代的设计理念相结合，创造出了许多独具特色的陶瓷作品。例如，有的艺术家将传统的青花、粉彩等陶瓷装饰技法与现代的绘画、雕塑等艺术形式相结合，创造出了具有现代艺术风格的陶瓷作品；有的设计师则将传统的陶瓷器型与现代的功能需求相结合，设计出了既美观又实用的陶瓷产品。同时，陶溪川还积极推动陶瓷文化与其他艺术形式的融合，如陶瓷与绘画、雕塑、音乐等的结合，丰富了陶瓷文化的表现形式，为人们带来了全新的艺术体验。

3. 创新创业平台

陶溪川为陶瓷艺术家和创意人才提供了一个良好的创新创业平台。在这个平台上，创业者可以充分发挥自己的创造力和想象力，实现自己的创业梦想。街区内设有陶瓷创意工作室、创意工坊等，为创业者提供了场地、设备、技术等方面的支持。这些工作室和工坊不仅为创业者提供了创作的空间，也为他们提供了与同行交流和合作的机会。同时，陶溪川还举办各类创业培训、讲座等活动，为创业者提供指导和帮助。这些活动涵盖了创业规划、市场营销、品牌建设等方面的内容，为创业者提供了全面的创业知识和技能。此外，陶溪川还设立了创业基金，为有潜力的创业项目提供资金支持。创业基金的设立，为创业者提供了重要的资金保障，激发了他们的创业热情和创新精神。

4. 文化旅游融合

陶溪川将文化创意与旅游产业相融合，打造出了一个极具吸引力的文化旅游目的地。文化旅游是一种新兴的旅游形式，它将文化与旅游相结合，为游客提供了一种独特的旅游体验。陶溪川充分发挥自身的文化优势和旅游资源，将文化创意与旅游产业有机地结合在一起，推出了一系列具有特色的文化旅游产品和线路。

在文化旅游融合的过程中，陶溪川注重打造旅游品牌和提升旅游服务质量。街区内设有艺术展览区、文化休闲区、特色餐饮区等，为游客提供了丰富的旅游体验。艺术展览区定期举办各类高水准的艺术展览，吸引了大量的艺术爱好者和游客前来参观；文化休闲区则为游客提供了一个放松身心、享受文化生活的好去处，这里有特色咖啡馆、创意书店、文艺小店等；特色餐饮区则为游客提供了各种美食，让游客在品尝美食的同时，也能感受到景德镇的独特魅力。同时，陶溪川还加强了旅游基础设施建设，提高了旅游接待能力和服务水平。例如，完善了交通、住宿、餐饮等基础设施，为游客提供了更加便捷、舒适的旅游环境。此外，陶溪川还积极开展旅游宣传和推广活动，提高了自身的知名度和美誉度，吸引了更多的游客前来参观和旅游。

二、三宝国际瓷谷

（一）三宝国际瓷谷的背景介绍

三宝国际瓷谷位于景德镇市东南山麓，这里山清水秀、环境优美，是一个充满自然之美和人文魅力的地方。三宝国际瓷谷作为景德镇陶瓷文化的重要发源地之一，保存着丰富的陶瓷历史文化遗迹和自然生态资源。这里的每一座古窑、每一块瓷片、每一处山水都仿佛在诉说着景德镇陶瓷文化的悠久历史和灿烂辉煌。

（二）三宝国际瓷谷的发展历程

1. 资源整合与规划

三宝国际瓷谷以高瞻远瞩的目光，对区域内的陶瓷历史文化遗迹、自然生态资源等进行了全面而深入的整合。在这一过程中，它始终将保护原有生态环境和历史文化遗迹作为首要任务，如同呵护珍贵的明珠一般，小心翼翼地守护着这片土地的根脉。在此基础上，对区域内的道路、水电等基础设施进行了大规模的改造和完善，为瓷谷的发展奠定了坚实的基础。同时，通过科学合理的规划，将整个瓷谷划分为不同的功能区域，如充满艺术气息的艺术创作区、文化交流频繁的文化交流区、休闲惬意的旅游休闲区等，使得各个区域既相互独立又紧密相连，共同构成了一个有机的整体。

2. 产业发展与提升

三宝国际瓷谷积极发挥自身的优势，大力推动陶瓷产业的发展和提升。这里犹如一块巨大的磁石，吸引了众多陶瓷艺术家、设计师、手工艺人等纷至沓来。他们被瓷谷的独特魅力所吸引，在这里找到了灵感的源泉和创作的乐土。在这里，他们可以尽情地利用瓷谷的自然生态资源和陶瓷历史文化遗迹，将大自然的美妙与陶瓷文化的深厚底蕴相融合，进行艺术创作和文化交流。同时，瓷谷还积极拓展陶瓷文化旅游产业，精心推出了一系列具有特色的旅游产品和线路。这些旅游产品和线路犹如一条条多彩的丝带，将瓷谷的各个景点紧密连接起来，吸引了大量的游客前来参观和旅游，让他们在欣赏美景的同时，也能深入了解景德镇的陶瓷文化。

3. 品牌建设与推广

三宝国际瓷谷深知品牌的重要性，注重打造独特的品牌形象和文化内涵。通过不断努力，提升了品牌的价值和竞争力，使其在众多的文化创意区域中脱颖而出。在品牌推广方面，积极利用互联网、社交媒体等新媒体平台，进行广泛而深入的宣传和推广。这些新媒体平台犹如一个个强大的扩音器，将三宝国际瓷谷的声音传播到世界各地。同时，瓷谷还与国内外的知名艺术机构、高校等建立了紧密的合作关系，举办各类丰富多彩的文化交流活动。这些活动犹如一座座桥梁，连接了不同地区的文化，扩大了三宝国际瓷谷的国际影响力。

（三）三宝国际瓷谷的特色与创新

1. 自然与文化融合

三宝国际瓷谷巧妙地将自然生态资源与陶瓷历史文化遗迹相融合，打造出了一个别具一格、魅力无穷的文化创意区域。在这里，艺术家和游客仿佛置身于一个梦幻般的世界，可以在欣赏自然风光的同时，深深感受陶瓷文化的独特魅力。大自然的美丽与陶瓷文化的深厚底蕴相互映衬，相得益彰。同时，瓷谷还积极推动陶瓷文化与自然生态的融合发展，举办了一系列以陶瓷与自然生态为主题的艺术展览、文化活动等。这些活动如同一场场精彩的文化盛宴，让人们在感受自然之美的同时，也能领略到陶瓷文化的博大精深。

2. 艺术创作与交流平台

三宝国际瓷谷为陶瓷艺术家和创意人才提供了一个良好的艺术创作和交流平台，犹如一座艺术的殿堂。这里汇聚了众多的陶瓷艺术家工作室、画廊、艺术机构等，为艺术家提供了广阔的展示和交流空间。在这里，艺术家可以尽情地展示自己的作品，与同行进行深入的交流和探讨，激发创作的灵感。同时，瓷谷还举办各类艺术展览、文化活动等，为艺术家提供了更多的交流和合作机会。这些活动如同一个个璀璨的舞台，让艺术家在这里绽放光彩。

3. 特色旅游产品开发

三宝国际瓷谷积极开发特色旅游产品，如充满魅力的陶瓷文化体验游、令人心旷神怡的自然生态游、独具创意的艺术创作游等。这些特色旅游产品吸引了大量的游客前来参观和旅游。通过这些特色旅游产品的开发，不仅为游客提供了丰富多样的旅游体验，也让他们更加深入地了解了景德镇的陶瓷文化和自然生态之美。

4. 社区参与与发展

三宝国际瓷谷注重社区参与与发展，并积极引导当地居民参与瓷谷的建设和发展。通过发展陶瓷文化旅游产业，为当地居民提供了更多的就业机会和创业平台。这些机会和平台犹如一双双有力的翅膀，助力当地居民实现自己的梦想。同时，瓷谷还积极推动社区文化建设，提高了当地居民的文化素质和生活质量。社区文化建设如同一场春雨，滋润着每一个居民的心灵。

参考文献

［1］艾理生，姚迪．社会工作问题研究［M］．北京：研究出版社，2023：34.

［2］敖道金，谭嘉铖．"非遗"文创产品设计与实践创新研究［J］．美术文献，2022（9）：129-131.

［3］包玉君．中国传统文化在文化创意设计中的应用［J］．文化产业，2021（27）：73-75.

［4］曹玉华，毛广雄．大运河文化带节点城市文化创意产业空间演化研究［M］．南京：东南大学出版社，2021：38.

［5］曾嘉祺．Q市乡村旅游与文化创意产业融合发展研究［J］．旅游与摄影，2022（9）：59-61.

［6］陈红兵．寻找文创执行力［M］．北京：中国科学技术出版社，2023：3.

［7］高晗，陆军．基于社会网络视角的中国创意产业集群创新研究［J］．哈尔滨工业大学学报（社会科学版），2018（4）：124-133.

［8］高长春，张贺，曲洪建．创意产业集群空间集聚效应的影响要素分析［J］．东华大学学报（自然科学版），2018，44（5）：821-828.

［9］耿凯，普银富，施俊仙．从政策视角浅析地方创新型产业集群的培

育与发展［J］. 云南科技管理，2024（2）：1-3.

［10］韩丽雯. 文化产业空心化与国家文化安全［M］. 北京：北京交通大学出版社，2021：38.

［11］侯平平. 文化创意产业与会展经济融合发展的策略探析［J］. 商展经济，2024（13）：4-7.

［12］胡慧源，李叶. 长三角文化产业集群一体化发展：现实瓶颈、动力机制与推进路径［J］. 现代经济探讨，2022（9）：117-123.

［13］黄晓懿. 中国文化创意产业的经济、技术、社会三维分析及对策建议［J］. 时代经贸，2024，21（9）：184-186.

［14］姜照君，吴志斌. 文化产业集群知识溢出对企业创新能力的影响——以国家级广告产业园区为例［J］. 江淮论坛，2020（6）：66-72.

［15］焦素娥. 影视文化前沿［M］. 北京：中国国际广播出版社，2023：298.

［16］李鸿. 创意产业中的民间美术的价值开发［J］. 文艺生活（艺术中国），2022（6）：131-133.

［17］李辉，魏艺. 文化创业产业发展模式研究［M］. 延吉：延边大学出版社，2019：133-134.

［18］李睿晗，崔茵. 文创产品中瓷文化创意产业发展分析［J］. 陶瓷科学与艺术，2022，56（10）：6-8.

［19］李晓君. 理论与实践：当代文化创意产业发展研究［M］. 北京：北京工业大学出版社，2021：29-33，19，136.

［20］李悦，钟云华. 产业经济学（第5版）［M］. 大连：东北财经大学出版社，2022：109.

［21］刘勃. 新媒体艺术与文化创意产业的和谐互动探析［J］. 现代交际，2019（24）：84-85.

［22］刘政义，何浩南. 传统文化元素与文化创意产业发展的耦合与实

践研究［J］. 文化产业，2021（27）：36-38.

［23］马丽媛. 基于文化创意的文创产品设计策略与实践［J］. 文学艺术周刊，2024（7）：71-73.

［24］欧彦恩. 创意设计与色彩艺术［M］. 长春：吉林人民出版社，2022：3.

［25］潘海颖，张莉莉. 创意旅游之内涵特征、构建图谱与发展前瞻［J］. 旅游学刊，2019（5）：132.

［26］亓晓飞. 文化创意产业发展下传统手工艺的文化重塑［J］. 文化产业，2023（10）：157-159.

［27］钱敏. 高校文化创意产业人才创新培养研究［J］. 新教育时代电子杂志（教师版），2020（42）：135.

［28］秦枫. 文化资源概论（第2版）［M］. 合肥：中国科学技术大学出版社，2021：21.

［29］邵煜涵. 以高等教育现代化助推文化创意产业发展［J］. 化纤与纺织技术，2024，53（3）：179-182.

［30］沈霞. 国际文化贸易新趋势下淮安市文化创意产业高质量发展路径研究［J］. 老字号品牌营销，2023（20）：56-60.

［31］沈小虎. 新时代背景下文化创意产业的竞争力研究［J］. 市场周刊，2023，36（10）：52-55.

［32］汤正午，王春明，宇岩，等. 日本知识产权战略促进科技创新分析及其启示［J］. 科技管理研究，2023，43（19）：165-172.

［33］田忻. 文旅融合下甘肃文化创意产业促进经济高质量发展路径研究［J］. 商展经济，2024（14）：66-70.

［34］田源. 文化创意产业背景下民间传统手工艺价值及生产组织形式研究［J］. 文化创新比较研究，2023，7（12）：131-135.

［35］万书亮，孟爽. 综合类大学艺术人才培养与教学改革［M］. 天

津：天津科学技术出版社，2019：103.

[36] 汪永红．我国文化创意产业发展与高校实践［J］．新经济，2023（7）：52-58.

[37] 王鹤．文化创意与品牌推广［M］．北京：北京理工大学出版社，2022：166.

[38] 王清，郑博宇，杨璨，等．从国际视野到文化自信：文化创意产业人才实践能力培养研究［J］．海峡科技与产业，2023，36（2）：53-55.

[39] 王燊成．建设全国统一大市场背景下的文旅融合发展——基于社会政策耦合性分析视角［J］．开放导报，2024（4）：86-94.

[40] 王文姬，刘柏阳．长三角文化产业集群发展：实践成效、现实困境与战略路径［J］．文化产业研究，2021（1）：293-303.

[41] 王文信．中国苜蓿产业发展研究［M］．北京：中国农业大学出版社，2020：54.

[42] 文艺．乡村旅游与文化创意产业的融合发展研究［J］．旅游纵览，2023（1）：183-185.

[43] 吴静激．广西北部湾海洋文化创意与旅游发展研究［M］．武汉：华中科学技术大学出版社，2021：41.

[44] 夏林华．外商投资深圳文化产业的法律环境问题研究［M］．北京：中国财富出版社，2023：62.

[45] 闫云莉．文化创意产业对区域经济发展的影响［J］．文化创新比较研究，2024，8（1）：110-113.

[46] 杨洁．数字技术赋能乡村文化振兴的作用机理、制约因素与推进路径［J］．党政干部学刊，2024（7）：39-46.

[47] 杨鹏．文化创意产业：驱动经济增长的新动力［J］．文化产业，2024（27）：58-60.

[48] 于隽．北京工业文化创意产业研究［M］．北京：中国传媒大学出

版社，2022：54.

［49］［英］约翰·霍金斯. 新创意经济 3.0：如何用想法点石生金［M］. 王瑞军，王立群，译. 北京：北京理工大学出版社，2018：12.

［50］詹绍文，王敏，王晓飞. 文化产业集群要素特征、成长路径及案例分析——以场景理论为视角［J］. 江汉学术，2020（1）：5-16.

［51］张乃英，巢莹莹，钱伟. 文化创意产业管理与实务［M］. 上海：同济大学出版社，2020：202.

［52］张倩. 文化产业助推中华优秀传统文化发展理路［J］. 经济师，2024（4）：222-223.

［53］张汝山. 新时代文化创意产业发展研究［M］. 北京：研究出版社，2021：111.

［54］张雪婷，李勇泉. 文化创意产业集群发展分析及优化启示［J］. 旅游发展研究，2018（3）：1-6.

［55］张瑛. 非遗文创产品设计与实践创新思考［J］. 鞋类工艺与设计，2023，3（24）：64-66.

［56］赵政原. 文旅兴市：现代城市空间的转型与重构［M］. 南京：东南大学出版社，2023：88-91.

［57］朱海霞，刘畅. 黄河流域陕西段大遗址文化产业集群空间规划模式研究——以汉宣帝杜陵为例［J］. 城市问题，2022（12）：42-54.